Негидальские сказки

네기달인 이야기

<지식을만드는지식 소설선집>은
인류의 유산으로 남을 만한 작품만을 선정합니다.
오랜 시간 그 작품을 연구한 전문가가
정확한 번역, 전문적인 해설, 풍부한 작가 소개, 친절한 주석을
제공하는 고급 소설 선집입니다.

지식을만드는지식 소설선집

시베리아 설화집

Негидальские сказки

네기달인 이야기

작사 미상

이경희 옮김

대한민국, 서울, 지식을만드는지식, 2018

편집자 일러두기

· 이 책은 ≪Негидальский язык≫(Наука, 1982)를 원전으로 삼아 옮긴이가 가려 뽑아 번역했습니다.
· 이 책의 주석은 옮긴이가 직접 작성한 것입니다.
· 외래어 표기는 현행 한글어문규정의 외래어표기법을 따랐습니다.

차 례

네기달인 이야기

메헤길에서 유래한 아윰칸

메헤길에서 유래한 아윰칸 성씨 사람들이 그들의 땅에서 왔다. 일부 사람들은 앞서 출발했고 나머지 사람들은 남았다. 사람들은 떠나기 전에 서로 약속했다.

"그래! 여기를 떠나야 해. 다른 곳으로 가서 정착해야 해. 멀리 가서 정착해야 해. 산을 넘어가야 해. 우리가 산을 넘은 다음에 표지를 세워 놓을게. 우리가 먼저 출발해서 고개 꼭대기에 표지를 세우고 대패질한 나무를 높은 곳에 세워 놓을게. 너희는 나중에 출발해. 우리가 세운 표지와 높은 곳에 세워 둔 나무를 잘 보고 따라와. 옆길로 새지 말고 우리를 잘 쫓아와."

그들의 친척들은 조금 늦게 출발했다. 그들은 앞서 출발한 사람들을 따라잡기 위해 출발했다. 늦게 출발한 사람들은 먼저 출발한 사람들이 세워 놓은 표지를 보고 부지런히 따라가서 마침내 고개에 다다르게 되었다. 막대기가 세워져 있었다. 막대기가 고개 꼭대기에 박혀 있었다. 그것을 본 사람들이 말했다.

"그들이 박아 놓은 막대기를 따라서 가야 해. 우리 친척들이 그 막대기를 세운 방향으로 갔어. 아마도 그들을 찾을 수 있을 거야."

먼저 떠난 사람들은 암군[1]을 건너 그곳에서 살기 시작했다. 그리고 나머지 사람들이 오기를 기다렸다. 그들보다 늦게 고개에 세워 놓은 막대기를 따라서 온 사람들은 아무르를 건넜다. 그러나 거기에는 그들의 친척들이 없었다. 그들은 거기에서 살기 시작했다. 시간이 많이 흘렀다. 암군에 정착한 사람들은 자신들의 친척들이 아무르에 살고 있다는 것을 알게 되었다. 아무르에 사는 사람들 역시 암군에 사는 사람들이 바로 자신들의 친척들이라는 것을 알게 되었다. 일부는 오호츠크 해안에서 살았다. 거기에는 아윰칸 성을 가진 사람들이 있다. 아무르에는 아윰칸 성을 가진 사람들이 있다. 암군에도 역시 아윰칸 성을 가진 사람들이 있다. 우리는 최초로 여기 온 친척들에 대해 알게 되었다. 메헤길에서 유래한 아윰칸의 뿌리를 알게 되었다. 산의 정령인 아야로부터 아윰칸이 태어났다.

---

1) 암군 : 에벤키어로 '넓은 강'을 뜻한다.

축차길 성씨의 유래

축차길 성씨가 어디에서 왔는지를 아는 사람은 아무도 없다. 아무도 축차길 성씨의 조상들이 어디에서 왔는지 모르고 그것에 대해 누구도 이야기해 주지 않았다. 지금 여기 사는 사람들은 옛날 노인들이 축차길 성씨의 시조에 대해 이야기한 것을 잘 기억하지 못한다. 노인들의 이야기에 따르면 축차기르 호수[2]가 바로 축차길 성씨가 태어나고 자란 곳이다. 축차기르 호수가 우리를 낳았다는 것이 아니라, 아마도 어디에선가 누군가에게서 태어나 이리로 오게 되었다. 이에 대한 다음과 같은 전설이 전해지고 있다.

축차길 성씨를 가진 두 형제가 축차기르 호수에서 암군으로 살았다. 두 형제는 후이옌 호수에서 그물로 물고기를 잡기 시작했다. 두 형제는 물고기를 아주 많이 잡았다. 어느 날 저녁 두 형제는 모닥불에 물고기를 구우려고 천막 주위에 말뚝을 세운 후 그물을 살피러 갔다. 두 형제가 그물을 살피고 있는데 천막 주변에서 고함 소리가 났다. 두 형제는 천막 쪽을 돌아보았다. 자그마한 키의 수많은 사람들이 두 형

---

2) 축차기르 : 네기달어로 '큰 호수'를 뜻한다.

제의 천막 주변에 있었다. 형이 호수로 뛰어들어 자신의 천막으로 뛰어갔다. 동생은 뗏목을 타고 호수 가운데로 갔다. 천막에 도착한 형은 타다 만 뜨거운 막대기로 작은 키의 사람들을 때리기 시작했다. 한참을 때리다가 살펴보니 사람들은 다 사라지고 없었다. 형은 당황했고 막대기에 기댄 채 서 있었다. 그렇게 서 있는데 하늘에서 무슨 소리가 들렸다. 우는 소리였다.

"형들이 불쌍해. 아우들이 불쌍해. 그들이 죽었어."

축차길 성씨의 두 형제는 호숫가의 집으로 돌아갔다. 다음 해 두 형제가 작은 키의 사람들을 때렸던 바로 그 계절에 마을 사람들 중 일곱 명이 죽었다. 그 후 매년 일곱 명씩 죽었다. 그렇게 사람들이 계속 죽자 이제 마을에는 여덟 명만이 남았다. 사람들은 어찌된 영문인지 알아보려고 샤먼에게 갔다. 샤먼이 말했다.

"너희가 하늘에서 내려온 일곱 명을 죽였기 때문에 해마다 그 사람들이 죽은 계절에 너희 중 일곱 명씩 죽는 거야. 만일 너희가 그 죄를 씻고 하늘과 서로 화해하지 않으면 한 사람도 남지 않고 다 죽을 거야."

샤먼의 말을 들은 사람들은 샤먼에게 하늘로 올라가 달라고 간청했다. 서로 화해하기 위해 서로에게 바칠 제물을 준비했다. 축차길 성씨 사람들은 남아 있는 유일한 처녀를 시집갈 때 입는 옷을 입힌 후 죽였다. 하늘은 돌 두 개를 주었다.

그렇게 서로 화해를 한 후 사람들이 새로 태어나기 시작했다. 사람들이 새로 태어난 곳이 호숫가의 엘쿠크 마을이다. 사람들은 50명 정도 되자 아이아 게기[3]로 이주해서 거기에서 살기 시작했다. 그곳에서 얼마 동안 살았는지는 아무도 모른다. 그런데 사람들이 거기에서 살았을 때 한 과부가 있었다. 그 과부는 샤먼이었다. 한 총각이 샤먼을 아내로 삼았다. 총각과 샤먼이 부부로 살고 있을 때, 이나 카멘카 마을에서 한 남자가 왔다. 남자는 여기저기 사람들 집을 돌아다니며 이웃들에게 이간질을 했다.

"아마도 이웃 남자들이 과부를 아내로 맞으려고 하는 것 같아."

남자는 그렇게 말하며 마을을 돌아다녔다. 남자가 허튼 소리를 하고 다니자 사람들이 샤먼에게 굿을 해 달라고 부탁했다.

샤먼이 노래를 하며 귀신들을 부르자 귀신들이 소리를 지르며 싸우기 시작했다. 귀신들이 서로를 방어하며 싸우기 시작하자 남자들이 모두 싸움에 끼어들었다. 그렇게 서

---

3) 게기 : 네기달 부락의 명칭으로 '아름다운 여울'을 뜻한다.

로 싸우기 시작하자 샤먼은 북과 종을 들고 호수로 뛰어들었다.

그 여자 샤먼이 호수의 주인신이 되었다고 전해진다. 이나 카멘카에서 온 남자의 이름은 소그됴콘[4]이었다. 소그됴콘은 싸움이 시작되었을 때 화살을 맞았다. 소그됴콘은 상처를 입고 곶의 상류로 달아났다. 그는 곶에 있는 언덕에 앉아 사람 몇 명이 쓰러지는가를 살피기 시작했다. 그가 앉아 있던 곳에서 흘린 피가 언덕을 따라 아래로 흘러내려 줄무늬가 생겼고 지금도 그것을 볼 수 있다.

소그됴콘은 싸움이 끝나자 배를 몰래 끌고 다시 암군으로 향했다. 작은 숲에 도착해 숲을 통과해 저녁에 암군에 도착했다. 암군으로 가는 길에 그의 가까운 친척 두 사람이 횃불을 들고 물고기를 잡고 있었다. 소그됴콘은 친척들이 물고기를 잡는 것을 유심히 관찰하고 그들이 하는 이야기에 귀를 기울였다. 뒤에 앉아서 노를 젓던 사람이 말했다.

"소그됴콘은 살았을까? 죽었을까?"

배 뒤에 앉은 사람이 그렇게 말하자 뱃머리에 앉은 사람이 말했다.

---

4) 소그됴콘 : 네기달 설화 속에 나오는 인물로 항상 부정적으로 묘사된다.

"소그됴콘에 대해선 걱정하지 마. 그는 죽지 않았을 거야. 지금 어딘가에서 듣고 있을 거야."

그렇게 두 사람이 이야기를 하며 강 아래로 배를 저어 갔다. 배가 강가에 도착하자 소그됴콘은 배 뒤에 앉았던 사람을 화살로 쏘아 죽였다.

우단칸산

빈쿠 부락에서 온 남자가 우단 성씨의 여자를 아내로 맞이했다. 남자는 아내를 맞이한 후 고향에서 살았다. 남자는 여름에 처가에서 1년 동안 살기 위해 처가로 출발했다. 가을이 되자 남자는 장인과 함께 멀리 사냥을 떠났다. 남자는 겨울 내내 숲을 돌아다니며 사냥을 했다. 그렇게 사냥을 하고 보내다 남자는 갑자기 병에 걸렸다. 같이 사냥하던 사위가 병에 걸리자 장인은 아무것도 잡지 못했다. 먹을 것이 아무것도 없었다. 먹을 것은 이미 다 떨어졌다. 장인은 숲을 돌아다녔다. 병이 난 사위에게는 사슴 가죽으로 만든 스키 장화가 있었다. 장인은 사위의 스키 장화의 사슴 가죽을 먹고 싶어 했다.

장인이 말했다.

"네 스키 장화를 먹자."

병이 든 사위가 말했다.

"어떻게 그렇게 할 수가 있어요? 만일 제 스키 장화를 먹고 난 후 제 몸이 나으면 저는 뭘 타고 다시 집으로 돌아가요?"

그러자 장인이 사위에게 욕하기 시작했다. 장인은 한참

동안 욕을 하다가 지팡이를 들어 사위를 찔렀다. 지팡이는 사위의 가슴 깊이 박혔다. 그렇게 사위는 죽었다.

사람들 입을 타고 사위가 죽었다는 소식을 들은 빈쿠 사람들은 죽은 그 친척을 데리러 출발했다. 사람들은 그의 시체를 찾아 작은 산에 묻었다. 그래서 그 작은 산은 우단칸이란 이름을 얻게 되었다.

빈쿠 사람들 사이에서 복수를 해야 한다는 움직임이 일었다. 빈쿠 사람들은 예부르강을 건너 임강에 도착해서 배를 만든 다음 강을 따라 아래로 내려가기로 결정했다. 그러나 하흐산긴칸 성을 가진 사람이 두 가문을 서로 화해시키기로 결심했다.

"가지 마시오. 만일 거기 가면 많은 사람들이 죽을 거요. 그들에게 기다릴 시간을 주지 마시오. 보상금에 대해 말하시오."

그들은 오랫동안 서로 협상을 했다. 사악한 정령이 왔다. 정령은 임강을 따라 내려와서 강가에 배를 댔다. 정령은 창과 활과 화살을 들고 강가로 올라왔다. 정령이 올라오자 집에 있던 사람들이 입구의 양쪽에서 망을 보기 시작했다. 정령이 들어오자 사람들이 양쪽에서 창 두 자루로 찔렀다. 창으로 찌르자 정령은 사라졌다. 사람들은 솥과 값어치가 나가는 물건들을 가져갔다. 그렇게 이야기는 끝난다.

호랑이

카멘카에서 가정이 있는 한 남자가 과부와 함께 살았다. 그렇게 살던 어느 날 남자는 사슴 두 마리가 죽어 있는 것을 발견했다. 한 마리는 엎드려 있었고 다른 한 마리는 사람처럼 앉아 있었다. 남자는 생각했다.

'아마 아주 힘센 늑대가 사슴들을 공격했나 보다!'

남자는 사슴의 가죽을 벗긴 후 고기를 먹기 위해 죽은 사슴들을 끌고 갔다.

그 후 남자가 호수 근처로 거처를 옮기려고 가는데 호랑이가 나타났다. 호랑이는 개를 잡아먹었다. 호랑이는 마차를 끌고 가는 개를 잡아채서 잡아먹었다. 남자가 즉시 호랑이를 향해 화살을 날렸다. 호랑이는 뒤돌아서 달아나 버렸다. 남자는 호숫가에서 이틀 밤을 머물렀으나 너무 놀라 거기에 머무를 기분이 전혀 들지 않았다. 남자는 빈쿠를 향해 출발했다.

그런데 호랑이가 이틀 밤을 호숫가에서 머무른 후 빈쿠로 떠난 남자의 뒤를 쫓아왔다. 호랑이는 자작나무로 만든 배 아래로 기어 들어간 개에게 몰래 다가갔다. 개는 달아났다. 개는 다시 집을 향해 달렸다. 개는 빙글빙글 돌며 달렸다. 호랑이가 개 앞을 가로질러 달렸다. 호랑이가 한 번 뛸 때의 보폭은 사람이 양팔을 벌린 길이의 아홉 배는 되었다. 호랑이는 집에서 40미터쯤 떨어진 곳에서 개를 잡아먹었다.

호랑이가 집에 왔다. 사람들은 첫날 밤에는 호랑이에게 자신들이 가진 개들 중 한 마리를 내주었다. 둘째 날 밤에는 두 번째 개를 묶어 놓았다. 그렇게 나흘 동안 개 네 마리를 묶어 놓았다. 닷새째 되는 날 호랑이는 집에 들어가서 집에 숨겨 놓은 가장 좋은 개를 물었다. 그때 빈쿠 성씨 사람들 중 나이가 가장 많은 사람이 호랑이를 창으로 찔렀다. 호랑이가 묶어 놓은 개를 물고 집에서 나가려고 할 때 호랑이를 창으로 찔렀다.

사람들은 죽은 호랑이를 첼고코에 묻었다. 통나무를 베어 호랑이 허리에 놓고 양가죽과 솥으로 호랑이 몸과 머리를 덮었다. 그리고 짐승을 죽일 때 짐승에서 나온 피를 호랑이에게 붓고 의식용 톱밥과 함께 젓가락 두 개를 세웠다. 그런 다음에 호랑이를 태웠다.

그해 봄 사람들이 떠나 버린 마을의 강 상류에서 다른 호랑이가 사슴을 죽였다. 사람들은 호랑이가 사슴을 죽이고 산기슭으로 사라진 것을 우예코콘산 꼭대기에서 보았다. 사람들은 두려워서 호랑이가 죽인 사슴을 먹지 않았다. 붕어를 잡는 강가에서도 호랑이가 사슴을 죽였다. 새끼 곰 두 마리와 함께 가던 어미 곰이 죽은 사슴을 발견했다. 곰들이 사슴 고기를 씹어 먹고 있는 것을 사람들이 발견하고 어미 곰에게 화살을 쏘았다. 어미 곰은 부상을 입었다. 사람들은 달아난 곰들을 뒤쫓았다. 사람들은 섬에 있는 한 자작나무 숲에서 나무로 올라간 새끼 곰을 붙잡았다. 사람들은 새끼 곰을 지키며 거기에서 이틀 밤을 보냈다. 어미 곰과 호랑이를 쏜 마을에서 가장 나이가 많은 남자의 아들이 나무로 올라가서 새끼 곰을 아래로 내몰았다. 소년은 누나와 둘이서 곰을 잡았다. 사냥꾼이 적었기 때문에 소년은 누나를 데리러 마을에 갔다 왔다. 나무에서 새끼 곰을 아래로 내몰았던 소년은 어렸다. 새끼 곰은 세 살이었다. 그렇게 두 사람은 새끼 곰을 잡아서 각산칸 성씨 사람에게 팔았다. 소년의 누나는 호랑이가 빈쿠 성씨 사람의 개를 잡아먹은 것에 대한 복수로 2년 동안 호랑이를 죽였다.

세 길

집안의 가장인 한 남자가 가난하게 살고 있었다. 남자는 사냥을 나갔으나 아무것도 잡아 오지 못했다. 짐승을 사냥하고 물고기를 잡으려고 했지만 항상 실컷 먹을 만큼 잡지 못했다. 그렇게 살던 어느 날 저녁 남자는 사냥에서 돌아와 생각에 잠겼다.

'이렇게 살면서 어떻게 인간이라고 하겠나? 내 아이들은 어른으로 자라지도 못할 거야!'

남자는 계속 생각에 잠겼다.

'예전에 노인들은 아무리 가난해도 만일 하늘이 도우면 무엇이든 얻을 수 있다고 말했어.'

생각을 마친 후 남자가 말했다.

"어떻게 나는 이렇게 태어났을까? 난 가난 속에 살다가 죽게 될 거야!"

남자는 울며 그렇게 말했다. 남자는 조금 후 잠자리에 들었다. 꿈을 꾼 것인지 아니면 실제로 본 것인지 알 수 없었다. 꿈에서 한 사람이 그에게 세 길을 보여 주었다.

"세 길 중 하나인 이 길이 네 길이 될 것이다. 이 길로 가면 너는 큰 짐승들을 잡게 될 거야. 또 하나의 이 길은 네 두 번째 길이 될 거야. 이 길로 가면 작은 짐승들을 잡을 수 있어. 이 세 번째 길은 예전에 네 조상들이 태어난 곳이야. 앞으로 태어날 사람들도 이 길을 가게 될 거야. 만일 어떠한 불행이 닥치건 이 길을 따라가서 행복을 달라고 부탁하게 될 거야. 좋건 나쁘건 인간이란 이름의 존재가 있는 동안은 이 길은 영원할 거야!"

얼마 후 남자는 다시 사냥을 하러 다니기 시작했다. 남자는 매일 생각이 많아지기 시작했다. 그러자 그의 눈에 짐승들이 보이기 시작했다. 어디를 가나 짐승을 사냥하게 되었고 집에 빈손으로 돌아오는 일이 없었다. 그 꿈을 꾼 이후로는 무엇이든 얻으려고 생각만 하면 생각한 대로 잘되었다. 반년이 흘렀다. 남자는 사냥을 나가 더 많은 짐승들을 집으로 가지고 오게 되었다. 그 이후로 남자는 아무 부족함 없이 잘살게 되었다. 아이들은 크게 자랐고 아버지처럼 매일 짐승을 많이 사냥해 오기 시작했다.

부유한 신부 칼마그다[5]

세 남자가 길을 떠날 준비를 했다. 남자들은 썰매를 끌고 타이가[6]로 출발했다. 그들은 가는 길에 어느 집에서 하룻밤을 보내게 되었다. 그 집에는 노파가 아들과 함께 살고 있었다. 아들은 아직 성인이 되지 않은 나이였다. 저녁에 세 남자가 노파에게 말했다.

"할머니! 우리가 할머니 아들을 데리고 타이가로 갈 테니 허락해 주세요."

남자들이 그렇게 말하자 아들이 어머니에게 말했다.

"아저씨들을 따라갈래요."

그날 저녁 노파는 이들에게 줄 식량을 만든 후 잠자리에 들었다.

세 남자와 청년은 다음 날 아침 일찍 일어나 아침을 먹고 출발했다. 한참을 걸은 후 한 마을에 도착했다. 마을의 집주인들은 부자였다. 마을에 칼마그다가 있었다. 칼마그다는 청년을 집에 데리고 가서 온갖 산해진미를 먹였다. 저녁에

---

5) 칼마그다 : 시집갈 나이에 달한 처녀를 말한다.

6) 타이가 : 북반구의 냉대 기후 지역에 나타나는 침엽수림을 말한다.

여자는 청년의 잠자리를 자기 옆에 깔았다. 다음 날 아침 사냥꾼들은 떠날 채비를 했다. 여자는 청년이 떠날 준비를 하는 것을 도와주었다. 여자가 말했다.

"타이가로 가면 따로 사냥을 하세요!"

사냥꾼 일행은 출발했다. 그들은 가면서 청년을 놀렸다.

"너 지난밤에 그 여자와 잤지?"

청년이 말했다.

"아저씨들! 왜 그렇게 저를 놀리세요? 그 여자도 나와 똑같은 인간인데 누구랑 자지 말라는 법 있어요?"

그러고 나서도 사냥꾼들은 차를 마실 때도 청년을 놀려댔다. 청년은 화가 나서 울었다. 청년이 울자 사냥꾼들은 무슨 일로 우느냐고 물었다. 사냥꾼들은 말했다.

"사냥하러 타이가에 갈 때 우리는 약을 올려. 우리가 약을 올리더라도 울거나 화를 내면 안 돼."

사냥꾼들과 청년은 식사를 마친 후 다시 출발했다. 오랫동안 걷고 또 걸어 마침내 사냥할 장소에 도착했다. 저녁에 잠자리에 들자 사냥꾼들은 청년을 또 놀렸다. 청년이 말했다.

"아저씨들! 내일 사냥하러 저 혼자 갈래요. 만일 아저씨들이 또 놀리면 저는 화가 나서 울 거고 그러면 아저씨들은 사냥 가기 전에 울면 부정 탄다고 생각할 거예요. 그러니 집에 갈 때에만 우리 같이 만나서 돌아가요."

다음 날 아침 사냥꾼 일행은 일어났다. 청년은 다른 길로 가기로 결심했다. 청년은 계속해서 앞으로 걸어갔다. 마침내 어느 산에 다다랐다. 청년은 돌아다니다 거기에서 하룻밤을 보냈다. 청년은 다음 날 아침 일찍 일어나서 사냥할 때 쓰는 덫을 들고 출발했다. 벙어리장갑으로 길을 헤치며 걸어갔다. 덫을 설치해 놓고 간밤에 머문 곳으로 돌아갔다. 다음 날 아침 일찍 일어나 덫을 놓아둔 곳으로 가서 살펴보니 담비가 덫에 걸려 있었다.

청년은 매일 담비를 잡았다. 세 달이 지났다. 이제 집으로 돌아갈 시간이 가까워지고 있었다. 청년은 사냥꾼들에게로 향했다. 청년은 사냥꾼들이 있는 숙소로 들어갔다. 청년이 들어오자 사냥꾼들이 말했다.

"왔니?"

청년이 말했다.

"네. 아저씨들이 언제 집으로 갈 건지 알아보려고 왔어요."

"이틀 밤 더 잔 다음에 집으로 출발하자."

사냥꾼들은 청년에게 좋은 소식 있느냐고 물었다.

"뭐 좋은 소식 있어? 사냥은 좀 했니?"

"아무것도 잡지 못했어요."

청년이 사냥꾼들에게 물었다.

"아저씨들은 많이 돌아다녔으니 아마 사냥을 많이 했겠죠?"

사냥꾼들이 말했다.

"짐승을 많이 잡았어. 한 사람이 스무 마리씩 잡았어."

"좋으시겠어요. 아저씨들은 짐승을 많이 가져가는데 저는 빈손으로 가야겠네요."

사냥꾼들이 청년에게 음식을 대접했다. 청년은 음식을 먹은 후 자신의 거처로 돌아왔다. 청년은 내일 아침에 일어나서 썰매를 만들어야겠다고 생각했다. 통나무를 반으로 쪼개야겠다고 생각했다.

청년은 요기를 좀 하고 누웠다. 청년은 다음 날 아침에 일어나서 아침을 먹고 썰매를 만들었다. 나무를 반으로 쪼갰다. 쪼갠 나무 위에 담비를 놓았다. 세어 보니 200마리였다. 담비와 쪼갠 장작을 썰매에 다 싣고 묶은 후 집으로 끌고 갔다. 예전에 사냥꾼들과 함께 갔던 길에 도착해서 사냥꾼들을 기다렸다. 마침내 사냥꾼들이 도착했다.

"왜 장작을 실었니?"

청년이 대답했다.

"어머니가 만일 사냥을 해 오지 못하면 좋은 장작이라도 가지고 오라고 했어요. 죽기 전에 따뜻하게 지내고 싶다고 하셨어요. 그래서 싣고 가는 거예요."

사냥꾼들과 청년은 집으로 출발했다. 그들은 돌아가는 길에도 청년을 놀렸다.

"돌아가는 길에 또 그 여자와 잘 거니?"

청년이 말했다.

"나처럼 똑같이 인간인데 그 여자가 누구랑 잠자지 말라는 법 있어요? 공연히 저를 모욕하지 마세요."

그들은 계속 걷고 또 걸어 예전에 들렀던 마을에 도착했다. 지난번에 머물렀던 그 집이 있는 데까지 왔다. 그들이 해안가로 올라가자 그 집에서 두 남자가 나왔다. 두 남자 뒤를 따라 예전의 그 여자가 나왔다. 집에서 나온 남자들이 사냥꾼들을 도왔다. 그들의 썰매를 창고에 올려 주었다. 여자는 청년을 도와서 그의 썰매를 창고에 올려 세워 놓았다.

사냥꾼들과 청년은 집으로 들어갔다. 여자는 청년을 보살펴 주었다. 청년의 장화와 양말을 마르라고 널어놓았다. 청년은 아주 피곤했다. 저녁이 되자 여자는 청년을 아주 배불리 먹였고 자기 옆에 청년의 잠자리를 깔았다. 다들 잠자리에 들었다. 여자는 밤중에 청년을 자기 쪽으로 끌어당겨 함께 잤다. 청년은 그 사실을 전혀 몰랐다.

다음 날 아침 모두 일어난 다음에 청년은 잠에서 깼다. 청년은 자신이 여자와 누워 있는 것을 알게 되었다. 두 사람은 일어났다. 청년은 창피했다. 한 사냥꾼이 말했다.

"왜 그렇게 행동하니? 네가 사냥을 와서 이런 행동을 하리라고는 생각지도 못했어. 만일 네가 이런 행동을 하리라는 것을 알았더라면 너를 데려오지 않았을 거야. 너는 내 얼굴에 먹칠을 했어!"

청년이 말했다.

"일이 이렇게 된 것을 어떻게 하겠어요?"

사냥꾼이 말했다.

"너에게 사냥한 짐승이 있으면 그것으로 창피함을 면해봐!"

그러자 여자가 말했다.

"당신은 어쨌든 사람을 창피하게 만들었어요. 어쩌겠어요? 설마 당신이 다람쥐 한 마리라도 죽이지 못했을까요? 다람쥐로라도 창피함을 면해야 해요!"

청년과 여자는 밖으로 나와 썰매가 있는 곳으로 갔다. 청년은 썰매의 통나무를 묶은 것을 풀었다. 여자와 청년은 양손에 죽은 짐승들을 들었다. 여자는 먼저 아버지가 있는 곳으로 들어가서 짐승들을 건넸다. 여자가 말했다.

"짐승들로 창피함을 면할 수 있다면 아마 이거면 충분하겠지요?"

여자는 그렇게 말하며 다시 짐승들을 사냥꾼들에게 던졌

다. 청년도 자신이 들고 온 짐승들을 던졌다. 사냥꾼들은 아무 말 없이 나와 썰매를 끌고 떠났다. 그들은 노파의 집에 도착했다. 노파가 아들에 대해 물었다.

"내 아들은 타이가에서 어떻게 지냈소? 사냥을 잘했소?"

사냥꾼들이 말했다.

"당신 아들은 담비를 많이 잡았어요. 그 담비로 부잣집 딸을 신부로 맞았어요."

노파가 말했다.

"사람이 진실을 묻는데 왜 빈정거리는 거요? 왜 거짓말을 지어내는 거요?"

사냥꾼들이 말했다.

"빈정거리는 것이 아니에요. 우리는 진실을 말하는 거예요. 내일 아들이 돌아오면 알게 될 거예요."

사냥꾼들은 떠났다

다음 날 아들은 개가 끄는 마차와 함께 집으로 돌아왔다. 노파가 나가 보니 정말 아들이 아내를 데리고 돌아왔다. 아들과 여자는 집에서 함께 살았다.

그 후로 아들은 타이가로 사냥을 하러 다니기 시작했다. 매년 짐승을 많이 사냥해서 썰매에 한가득 싣고 돌아왔다. 노파와 아들은 부자가 되었다. 헤아릴 수 없을 정도로 많은 재물이 쌓였다.

하늘의 사람

두 형제가 살았다. 그들은 타이가로 사냥을 다녔다. 형은 아무것도 잡지 못했고 동생은 많이 잡았다. 그러자 형은 생각했다.

'내일 낮에 사냥하러 가서 먹을 음식을 준비해야겠다.'

두 형제는 하룻밤을 자고 다음 날 아침에 일어났다. 형은 먹을 것을 아주 많이 만들어서 사냥을 하러 갔다. 한참 후 담비의 발자국이 보였다. 형은 발자국을 따라갔다. 발자국을 따라가다 어두워지자 하룻밤을 자기로 결심했다. 형은 다음 날 새벽에 일어나서 다시 담비 발자국을 따라갔다. 그렇게 며칠을 담비 발자국을 따라가다 보니 식량이 거의 떨어졌다. 그때 덫이 보였다. 담비가 덫에 걸려 있었다. 형은 담비를 가지고 가려다가 다시 담비를 제자리에 놓았다. 그러고 나서 스키 자국이 난 쪽으로 향했다. 스키 자국을 따라갔다. 한참 후 사냥꾼들의 움막에 도착했다. 움막에 들어가자 한 노인이 있었다. 노인이 물었다.

"얘야, 어디로 가니?"

"담비를 잡으러 가요. 할아버지 덫에 담비가 걸려 있던데요."

"타이가에 사냥을 하러 다니나 본데 짐승은 좀 잡았니?"

"몇 년째 다니고 있지만 한 마리도 잡지 못했어요. 저는 아주 운이 없어요."

"우리 집에서 일하렴. 나무를 해 올 수 있겠니?"

"나무는 해 올 수 있어요."

"오리나무를 가지고 와야 해. 계속 가지고 와야 해."

"알았어요. 오리나무를 가지고 올게요."

두 사람은 함께 살게 되었다. 노인은 매일 사냥을 나갔다. 노인은 사냥을 갔다 저녁에 돌아오면 벽을 향해 앉아서 윗옷을 벗고 불에 등을 쪼였다. 매일 저녁 그렇게 불을 쪼였다. 어느 날 노인은 담비를 잡아 와서 청년에게 건넸다. 청년은 담비 가죽을 벗겨서 말렸다. 가죽이 집 안에 가득 찼다. 노인이 말했다.

"애야! 네가 집으로 갈 시간이 다가왔다. 강을 따라 아래로 가면 마을이 있어. 이 사냥한 짐승들을 가지고 마을로 가서 내가 부탁한 것을 가지고 오너라!"

"알았어요. 가지고 올게요."

노인은 청년을 껴안고 입을 맞추었다.

"애야! 나를 평범한 사람이라고 생각하지 마. 원래 나는 하늘에 사는 사람이야. 내가 떠나는 모습을 잘 보렴."

청년은 모닥불을 피우고 사슴 고기 비계를 불 속으로 던졌다. 그런 다음에 노인이 떠나는 모습을 보러 갔다. 노인은 날아갔다. 노인은 완전히 사라져 버렸다. 청년은 움막이 있는 쪽을 보았다. 그러나 움막도 없고 아무것도 없었다. 단지 담비들만 남아 있을 뿐이었다. 그는 움막이 있던 자리에서 그날 밤을 보냈다.

청년은 다음 날 아침에 일어나 식사를 한 후 담비들을 자루에 넣어 동생의 움막이 있는 곳으로 향했다. 형은 움막이 꽉 찰 정도로 많은 담비를 잡았고 동생은 열 마리밖에 못 잡았다. 두 형제는 타이가를 떠나 마을로 출발했다.

여름이 다가오자 형은 도시로 가서 비단옷과 온갖 음식을 많이 장만했다. 큰 배 다섯 척에 실을 정도로 물건을 많이 산 후 집으로 돌아갔다. 형은 아주 부자가 되었다. 집의 창고가 몇 개나 되었고 창고에는 비단 옷감들이 가득했다. 형에게는 아내가 다섯 명 있었다.

형은 계속 타이가로 사냥을 하러 다녔고 계속 재산이 불어났다. 어느 날 형은 타이가로 가서 예전의 그 노인이 살던 집으로 갔다. 노인이 있었다. 형은 노인에게 가지고 온 토산물과 술을 주었다. 노인이 말했다.

"고마워. 선물을 가지고 왔네."

형은 다시 노인과 살기 시작했다. 형은 노인을 위해 나무를 해 왔다.

따뜻한 봄이 되었다. 노인은 담비를 사냥해 와서 청년에게 주었다. 청년은 담비 가죽을 벗겨서 널었다.

그러던 어느 날 노인이 말했다.

"얘야! 내년엔 너를 보지 못할 것 같구나. 너에게 동생이 있니?"

"네. 있어요."

"돌아가면 동생에게 말해. 동생에게 우리 집에 와서 불을 피우라고 해. 네가 어떻게 여기에 오게 되었는지 잘 설명해 줘. 여기 오는 법을 잘 가르쳐 줘."

노인은 말을 마치고 다시 하늘로 올라갔다.

다음 날 형은 집으로 출발했다. 한참을 걸어 집에 당도했다. 형은 아주 부자로 살았다. 집에 있는 창고 몇 채에는 비단이 가득했다.

얼마 후 노인이 말한 대로 형은 병에 걸렸다. 심하게 앓았다. 형은 어느 날 저녁 동생을 불렀다. 동생이 왔다. 형은 죽음을 앞두고 동생에게 유언을 했다.

"타이가로 사냥을 하러 가면 노인 집에 가서 일해. 내가 했던 것처럼 너도 나무를 해 와. 오리나무 이외에 절대 다른 나무를 해 오면 안 돼."

동생은 형이 시키는 대로 하겠다고 말했다. 형은 죽었다. 동생은 형의 재산을 전부 갖게 되었다.

마침내 다시 겨울이 오자 동생은 타이가로 향했다. 형이 말한 곳으로 갔다. 형이 말한 집으로 들어갔다. 형이 말한 대로 노인이 있었다.

노인이 말했다.

"왔니?"

"형이 죽기 전에 저에게 이리로 가라고 말했어요."

"너는 네 형보다 영리하니?"

"저는 형보다 영리해요."

"만약에 네가 형보다 더 영리하다면 내 집에서 한번 일을 해 보아라. 오리나무 이외에 다른 나무를 해 오면 절대 안 돼."

"좋아요. 다른 나무는 해 오지 않을게요."

그 후 동생은 노인과 함께 살기 시작했다. 그런데 근방에 오리나무는 없었다. 나무를 하려면 먼 데까지 가야 했다. 동생은 곰곰 생각했다.

'도대체 왜 다른 나무를 해 오면 안 된다는 거지? 내일 저녁에 낙엽송을 가지고 와 봐야지.'

노인은 매일 저녁 등을 불에 쪼였다. 노인은 담비들을 가져와서 동생에게 주었다. 동생은 담비 가죽을 벗겨 널었다. 동생은 모닥불을 피웠다. 낙엽송을 속에 넣고 오리나무를 겉에 두고 불을 피웠다. 그래서 모닥불에서 불꽃이 일었다. 그러자 노인이 말했다.

"애야! 무슨 나무를 해 온 거니? 왜 불꽃이 이는 거야? 왜 불꽃이 이냐고?"

"할아버지! 요가 탔어요."

그렇게 말하고 동생은 불을 껐다.

노인은 놀라서 밖으로 뛰쳐나갔다. 동생도 노인 뒤를 따라 밖으로 나갔다. 노인이 말했다.

"애야! 너는 형보다 머리가 좋다고 말하지 않았더냐? 너 스스로 잘 판단해 봐. 두 손을 쉬지 않고 해야 할 일을 너에게 충분히 주마!"

그렇게 말한 후 노인은 날아가 버렸다. 어디로 갔는지 완전히 종적을 감추었다. 집도 담비 가죽도 아무것도 없었다. 다 사라졌다. 단지 담비 열 마리만 남아 있었다.

동생은 생각했다.

'가 버렸구나. 살 테면 가라지. 나에겐 재산이 아주 많아. 죽을 때까지 충분히 입고 먹을 정도로 충분해.'

다음 날 동생은 집으로 향했다. 집에 도착해서 창고를 살펴보니 창고에 있던 물건들은 다 사라지고 하나도 없었다. 쓰레기만 뒹굴고 있었다.

동생은 완전히 가난뱅이가 되었다. 먹을 것을 구할 수 없어 몸은 바싹 말랐고 입을 옷도 없었다. 세월이 가면 갈수록 점점 더 가난해졌다.

개구리

한 시골에 노인과 노파가 살았다. 그들에게는 딸이 둘 있었다. 노인은 딸들에게 타이가의 산에 집을 지어 주었다. 노인은 딸들을 산에 있는 집에 데리고 갔다. 딸들은 그 집에서 살게 되었다. 어느 날 맏딸이 노인에게 가서 말했다.

"아버지, 좋은 음식을 먹이고 좋은 옷을 입혀 키운 사랑스러운 아버지의 막내딸이 남자와 함께 살고 있어요."

노인은 화가 나서 창을 들고 출발했다. 막내딸의 집에 이르러 안으로 들어갔다. 노인은 막내딸의 옷자락을 창으로 찢은 후 하인에게 말했다.

"집으로 데려가!"

노인은 집으로 다시 향했다. 한편 화가 난 막내딸은 좋은 옷을 차려입고 귀고리를 하고 밖으로 나가서 타이가로 향하는 오솔길을 따라 오르기 시작했다. 오솔길을 따라가는데 한 아주머니를 만났다. 아주머니가 말했다.

"이 길로 가면 작은 언덕과 구덩이가 나올 거야. 만일 네 신발 끈과 허리끈이 풀어지더라도 매지 마!"

처녀는 그러겠다고 말하고 길을 갔다. 아주머니는 아래로 내려갔다. 처녀는 위로 올라갔다.

한참을 걸으니 진짜로 그 아주머니가 말한 대로 작은 언덕과 구덩이가 나오고 신발 끈과 허리끈이 풀어졌다. 그러자 처녀는 신발 끈과 허리끈을 묶어야겠다고 생각했다.

처녀는 신발 끈과 허리끈을 묶었다. 그러자 개구리 한 마리가 나타났다. 개구리가 말했다.

"어디 가?"

"먼 데로 가."

"잠깐 우리 집에 들렀다 가!"

처녀는 개구리 집으로 들어갔고 거기서 살게 되었다.

어느 날 처녀는 머리를 감으려고 옷을 벗고 귀고리를 풀어 놓았다. 그때 개구리가 말했다.

"네 옷을 잠깐만 입어 보게 해 줘. 그리고 네 귀고리도 잠깐만 해 볼게!"

처녀는 개구리에게 옷과 귀고리를 내주었다. 처녀가 머리를 감고 나서 개구리에게 자신의 옷과 귀고리를 달라고 했으나 개구리는 돌려주지 않았다. 아무리 돌려 달라고 애원을 해도 개구리는 들은 척도 하지 않았다. 결국 예쁜 처녀는 개구리 옷을 입고 지내게 되었다.

어느 날 개구리가 말했다.

"오늘 우리 집에 손님이 올 거야. 담비 옷을 입은 바야밀란과 스라소니 옷을 입은 티브데밀란이 올 거야."

처녀가 자신의 머리를 때렸다. 그러자 처녀는 지팡이로 변했다. 얼마 후 손님들이 도착해서 집으로 들어왔다.

바야밀란은 개구리의 침상 위에 앉았고 티브데밀란은 처녀의 침상 위에 앉았다. 바야밀란은 개구리를 아내로 삼았다. 그렇게 지냈다.

그 후 개구리와 바야밀란은 바야밀란의 집으로 갈 채비를 했다. 개구리가 떠날 채비를 할 때 티브데밀란의 눈에 침상 옆 벽에 걸린 대패로 민 지팡이가 보였다. 그는 지팡이 끝을 잘라 보았다. 지팡이에서 피가 나왔다. 그는 지팡이를 다시 원래 있던 자리에 놓았다.

바야밀란과 개구리 아내는 떠날 준비를 마쳤다. 개구리는 티브데밀란을 불렀고 티브데밀란은 개구리와 바야밀란 뒤를 따라갔다. 얼마 가지 않아서 티브데밀란이 말했다.

"내가 손수 만든 칼을 놓고 왔네. 찾아 가지고 올게!"

개구리가 말했다.

"나에게도 칼이 있어요. 뭐 하러 쇠칼을 가지러 가요?"

티브데밀란이 말했다.

"나는 남의 물건을 좋아하지 않아. 아무리 나쁘더라도 내 물건을 버리고 싶지 않아."

그렇게 말하고 티브데밀란은 다시 집으로 돌아갔다. 집으로 들어가서 지팡이를 들어 바닥에 던졌다. 그러자 지팡이는 처녀로 변했다. 처녀가 말했다.

"저에게 장난치는 거예요?"

"내가 만일 당신을 못 알아봤으면 여기로 다시 돌아오지 않았을 거요."

그리고 두 사람은 하룻밤을 보냈다.

개구리와 바야밀란은 계속해서 걸었다. 개구리가 벚나무를 보고 말했다.

"벚나무야, 만일 나에게 딸이 태어나면 네가 그 아이의 톱밥이 될 거야."

벚나무가 말했다.

"개구리야, 그때 가면 나는 시들어 죽을 거야."

개구리는 계속 길을 가다가 낙엽송을 보자 말했다.

"낙엽송아, 만일 나에게 아들이 태어나면 네가 그 아이의 스키가 될 거야."

낙엽송이 말했다.

"개구리야! 그때 되면 나는 시들어 죽을 거야."

개구리는 노인의 집에 도착했다. 바야밀란과 개구리 아내는 창문까지 다가가 개구리가 가져온 물건들을 들여놓았다. 물건은 아주 많았다.

얼마 후 티브데밀란과 처녀가 도착했다. 노인의 집까지 와서 뒤쪽 벽 옆 침상으로 다가갔다. 그들은 모두 함께 살았다. 노인이 부유한 개구리에게 말했다.

"얘야! 죽기 전에 네가 차린 음식을 먹고 싶구나."

개구리는 어망을 가지고 개구리알을 가지러 갔다. 알이 가득 든 어망을 끌고 와서 솥에 넣고 끓였다.

노인이 하인에게 말했다.

"내 좋은 접시와 숟가락을 가지고 오너라. 개구리가 차린 음식을 먹고 싶구나!"

개구리는 접시에 음식을 담아 가지고 와서 노인에게 주었다. 노인이 맛을 보았다.

"역겨워! 역겨워! 무엇으로 만든 음식을 가져온 거니?"

노인은 그렇게 말하며 접시에 담은 음식을 부어 버렸다. 그리고 계속해서 역겹다고 말했다.

노인이 하인들에게 말했다.

"다 따라 버려!"

하인들이 음식을 다 따라 버렸다. 한편 개구리의 남편은 음식을 먹어 보고는 훌륭하다고 중얼거렸다.

노인은 다시 가난한 처녀에게 부탁하기 시작했다.

"얘야! 죽기 전에 네가 차린 음식을 먹어 보고 싶구나!"

가난한 처녀는 집에서 나가 타이가의 산으로 올라가 낙엽송 옆에 앉아 무릎에 얼굴을 파묻고 울었다. 울면서 말했다.

"무엇을 드려야 하지? 아버님이 내가 만든 음식을 먹고 싶다고 하시는데."

처녀가 그렇게 울고 있는데 위에서 곡식 두 봉지가 처녀 옆으로 떨어졌다. 처녀는 그것을 가지고 산을 내려와 집으로 가서 솥에 넣고 끓이기 시작했다. 음식이 다 끓었다.

"아버님! 하인에게 깨진 접시와 형편없는 숟가락을 가지고 오라고 하세요!"

노인이 하인에게 말했다.

"애들아! 깨진 접시와 형편없는 숟가락을 가지고 오너라!"

바로 하인들이 접시와 숟가락을 가지고 와서 처녀에게 주었다. 처녀는 접시에 음식을 조금 담아 노인에게 주며 말했다.

"입에 맞을지 모르겠어요."

노인은 접시를 받아 순가락으로 조금 떠서 맛을 보았다. 노인이 말했다.

"아주 훌륭한 음식이야. 이렇게 좋은 음식을 이런 형편없는 접시에 먹어야 되겠어?"

노인은 그렇게 말한 후 접시를 던져 버렸다.

"여봐라! 내가 가진 것 중 가장 좋은, 내 제사를 위해 준비해 놓은 접시를 가지고 오너라!"

하인들이 접시를 가지고 와서 처녀에게 건넸다. 처녀는

음식을 조금 떠서 접시에 담아 노인에게 주었다. 노인은 음식을 먹은 다음 말했다.

"아주 훌륭한 음식이야. 아주 술술 넘어가더구나!"

하인들도 아주 배부르게 먹었다. 식사를 마친 후 모두 잠자리에 들었다.

노인은 다음 날 아침에 일어나서 부유한 개구리 며느리에게 말했다.

"얘야! 죽기 전에 한번 보고 싶구나. 가서 네가 가져온 모피와 옷감을 가져오너라!"

부자 며느리는 등에 짊어지는 자루를 가지고 나갔다. 얼마 후 물건이 가득 든 자루를 들고 와서 노인의 침상 위에 쏟았다. 자루에서는 나무 잎사귀들이 우수수 떨어졌다. 노인이 말했다.

"뭐 이런 나무 잎사귀들을 끌고 왔어? 여봐라! 당장 가지고 나가거라!"

하인들이 자루를 가지고 나갔다. 노인이 다시 가난한 처녀에게 말했다.

"얘야! 네가 가져온 물건을 가지고 오너라. 죽기 전에 보고 싶구나."

처녀는 집을 나가 타이가로 갔다. 낙엽송 옆에 앉아 얼굴을 무릎 사이에 파묻고 울기 시작했다.

"아버님이 내가 가져온 물건을 보고 싶다고 하시는데 도대체 무슨 물건을 보여 드린담?"

처녀가 그렇게 오랫동안 울고 있는데 갑자기 물고기 가죽으로 만든 자루 두 개가 떨어졌다. 처녀는 자루를 끌고 집으로 와서 노인의 침상에 놓았다. 노인은 자루를 풀어 안을 보았다. 그 안에는 온갖 예물이 가득했다.

"아주 훌륭해. 이런 것이 소위 말하는 진정한 물건이지!"

노인은 물건을 다시 집어넣었다. 그들은 다시 예전처럼 살았다.

노인이 개구리에게 말했다.

"얘야! 네 부모와 형제자매를 데리러 갔다 오너라. 내가 아직 살아 있을 때 보고 싶구나!"

부유한 개구리 며느리는 등에 자루를 메고 출발했다. 얼마 후 무언가가 가득 든 자루를 끌고 집으로 돌아와서 바닥에 대고 자루를 털었다. 개구리들이 쏟아졌다. 그러자 노인이 말했다.

"무슨 개구리들을 이렇게 가지고 왔단 말이냐? 구역질 나!"

노인이 다시 하인들에게 말했다.

"여봐라! 막대기로 몰아서 불 속에 넣어 버려!"

하인들이 개구리를 막대기로 몰아 불 속에 넣었다. 일부 개구리는 불 속에서 밖으로 기어 나왔다. 그러자 개구리 며느리가 흐느꼈다.

"오빠들이 불쌍해. 불쌍해. 개굴개굴! 동생들이 불쌍해. 불쌍해. 개굴개굴! 엄마들이 불쌍해. 불쌍해. 개굴개굴! 아버지들이 불쌍해. 불쌍해. 개굴개굴!"

개구리는 계속해서 울었다. 그 후 다시 예전처럼 살았다. 그러던 어느 날 노인이 가난한 처녀에게 말했다.

"애야! 네 부모와 형제자매들을 데리러 갔다 오너라. 내가 살아 있는 동안 보고 싶구나!"

가난한 처녀는 집을 나섰다. 타이가로 가서 낙엽송 옆에 앉아 무릎에 얼굴을 파묻고 흐느꼈다.

"내 혈육을 보고 싶다고 하시는데 대체 누구를 보여 드린담?"

처녀는 계속 흐느꼈다. 그때 하늘에서 두 남자가 내려왔다. 두 남자가 말했다.

"쭉 계속해서 몇 년을 울기만 하니!"

처녀가 말했다.

"아버님이 제 혈육을 보고 싶다고 데려오라고 하셔서 울고 있어요."

처녀와 두 남자는 산 아래로 내려왔다. 처녀가 앞장서서 집으로 들어갔다. 집으로 들어온 처녀를 보고 노인이 물었다.

"네 혈육은 어디에 있니?"

"제 뒤를 따라오고 있어요."

처녀가 뒤를 돌아보며 다시 말했다.

"오고 있어요?"

얼마 후 두 남자가 들어왔다. 노인은 눈꺼풀이 내려앉은 두 눈을 손으로 비빈 후 쳐다보았다.

"바로 이게 소위 말하는 진짜 사람이지!"

두 남자는 개구리에게서 옷과 귀고리를 뺏어 처녀에게 건넸다.

개구리와 남편은 집을 나가 수치스러워 스스로 목을 매 죽었다. 사람들은 다 같이 함께 살게 되었다.

쿠이예미

쿠이예미가 어머니에게 말했다.

"장가들러 갈래요."

쿠이예미는 가다가 까마귀를 만났다.

"쿠이예미! 깍! 어디 가니?"

"장가들러 가."

"나도 장가들러 가는데."

"그래? 그럼 같이 가."

까마귀는 땅에 떨어져 사람으로 변했다. 쿠이예미와 까마귀는 함께 갔다. 조금 후 딱따구리를 만났다. 딱따구리가 물었다.

"쿠이예미! 어디 가니?"

"장가들러 가."

"나돈데!"

"그래? 그럼 같이 가!"

딱따구리도 인간으로 변했다. 그들은 계속 걸었다. 다시 날다람쥐를 만났다. 날다람쥐가 물었다.

"쿠이예미! 어디 가니?"

"장가들러."

"나도 장가들러 가!"

"그래? 그럼 같이 가!"

날다람쥐도 땅에 떨어져 사람으로 변했다. 이번에는 청설모를 만났다.

"쿠이예미! 어디 가니?"

"장가들러 가."

"나도 가!"

"그래? 그럼 같이 가!"

청설모도 사람으로 변했다. 그들은 계속 앞으로 갔다. 그들은 마침내 마을에 다다랐다. 마을의 촌장 노인 집으로 갔다. 하인들이 촌장에게 알렸다.

"남자 다섯 명이 왔습니다."

촌장이 말했다.

"문을 열어라. 어떤 사람들인지 보고 싶구나!"

까마귀가 맨 처음으로 들어왔다.

"아하! 아마 네가 가장 연장자인가 보구나. 코가 휘어진 것을 보니. 내 맏딸 옆으로 가서 앉아라!"

까마귀가 가서 앉았다. 까마귀 뒤를 이어 딱따구리가 들어왔다.

"아마도 네가 중간인가 보구나. 아주 뒤로 몸을 젖히고 있구나. 저기 내 둘째 딸 옆에 가서 앉아!"

딱따구리 뒤를 이어 날다람쥐가 들어왔다.

"아하! 아마도 너는 돈이 제일 많은 게 틀림없어. 새의 깃털로 만든 옷을 입은 것을 보니. 그런데 통방울눈이네. 내 셋째 딸 옆으로 가서 앉아!"

그 뒤를 이어 청설모가 들어왔다.

"아하! 아마 너는 제일 날쌔고 민첩함에 틀림없어. 그런데 턱이 삐뚤어졌어. 내 넷째 딸 옆에 가서 앉아!"

그리고 청설모 뒤를 이어 쿠이예미가 들어왔다.

"아하! 진짜 사람이야. 진짜 사람이야. 내 막내딸 옆에 가서 앉아!"

촌장에게는 이미 사위가 하나 있었다. 오래전에 온 갈매기였다. 사위는 사냥에서 돌아왔다. 촌장 노인이 물었다.

"어디로 사냥을 갔다 왔니?"

"디키르바 네케르바!"

노인이 말했다.

"어디 말이야? 해안 깊숙한 데 있는 산에 갔다 온 거야? 그 먼 데로?"

"네크르바 네케르바!"

"어디 말이야? 만일 네가 해안 깊숙한 데로 가서 '네케르바'라고 말하면 누가 그 말을 알아들을 수 있겠어?"

눈이 펑펑 내려 많이 쌓였다. 그들이 거기 있는 동안 눈이 내렸다. 모두 사냥하러 산으로 올라갔다. 가장 나이가 많은 갈매기가 제일 앞에서 걸었고, 까마귀, 딱따구리, 날다람쥐, 청설모가 아내들을 데리고 갈매기 뒤를 따라 걸어갔다. 그런데 쿠이예미는 혼자 걸었다. 모두 산으로 올라갔다. 거기서 하룻밤을 잤다. 다음 날 아침에 그들은 사슴을 사냥하러 갔다. 출발할 때 까마귀가 아내에게 말했다.

"저기 눈 덮인 꼭대기에서 연기가 뭉게뭉게 피어오르면 사슴을 죽였다고 말하시오!"

남자들은 사슴을 사냥하러 떠났다. 진짜로 정오에 눈 덮인 산꼭대기에서 연기가 뭉게뭉게 피어올랐다.

아내들이 말했다.

"그래, 그래. 우리 남편들이 벌써 사슴을 죽였어. 저 눈 덮인 산꼭대기에서 연기가 나고 있어."

저녁이 되자 사냥을 갔던 일행이 돌아왔다. 그들은 늑대들이 물어뜯은 것으로 보이는 야생 사슴들을 힘들게 질질 끌고 왔다. 사슴 가죽과 고기를 끌고 왔다. 남자들이 다섯 아내에게 말했다.

"우리가 사슴을 아주 많이 사냥했어. 당신들은 저기 모닥불 연기가 나는 곳으로 출발해. 거기에 있는 고기를 날라야 하니까!"

그들은 모두 임시로 만든 거처에서 잠을 잤다. 남자들은 또 사슴을 사냥하러 갈 예정이었다. 여자들은 떠날 준비를 했다. 여자들이 떠났다. 사실 남자들은 산꼭대기에 사슴 가죽과 고기를 숨기기 위한 귀틀집을 만들어 두었다. 여자들이 귀틀집으로 들어갔다. 거기에는 까마귀와 딱따구리, 날다람쥐, 청설모의 배설물이 있었다. 그 이외에는 아무것도 없었다. 아내들은 울면서 돌아왔다. 남자들이 사냥에서 돌아오자 여자들이 말했다.

"없어요. 당신들이 숨겨 놓은 고기를 짐승과 새들이 다 먹어 치웠어요."

까마귀가 말했다.

"아까워라. 새들이 먹어 치우다니. 짐승들이 먹어 치우다니."

까마귀가 다시 아내에게 말했다.

"사슴 가죽으로 옷을 만들어. 내일 나는 장인에게 갈 거니까."

다음 날 까마귀는 촌장 노인에게서 빌려 온 창을 들고 해안가로 내려갔다. 까마귀는 가다가 언덕에 앉아 궁리를 했다. 창으로 코를 찔러 코에서 나온 피를 창에 묻혀 얼룩을 만들고 창을 피로 문질렀다. 그런 다음 다시 출발했다. 까마귀는 마침내 노인의 집에 도착했다. 노인이 물었다.

"눈 덮인 산에서 한 사슴 사냥은 어땠니?

"사슴은 충분히 잡았어요. 이게 아내가 사슴 가죽을 무두질해 만든 옷이에요. 저는 곰과 싸웠어요."

"그래? 곰과 싸우느라고 몹시 힘들었겠구나. 얘들아! 곰을 가지고 오너라."

하인들이 곰을 가지고 왔다. 노인이 자세히 살펴보았다.

"아! 도대체 이게 무슨 곰이지?"

다음 날이 되었다.

까마귀가 말했다.

"곧 돌아올게요."

까마귀는 아침에 다시 산으로 올라갔다. 산에서 계속 지냈다. 다섯 남자는 아무것도, 진짜 아무것도 사냥하지 않았다. 완전히 굶어 죽을 지경이었다. 그들은 집으로 가기로 결심했다. 산비탈을 따라 아래로 내려갔다. 까마귀의 아내에게는 집을 떠날 때 가지고 온 바늘이 있었다. 집에 거의 다 왔다. 그때 작은 도요새 한 마리가 보였다. 까마귀의 아내는 새를 잡아서 털을 뽑은 후 끓였다. 아버지에게 대접하기 위해서였다. 까마귀 부부는 그 보잘것없는 음식을 가지고 집으로 들어갔다. 쿠이예미는 아직 오지 않았다. 까마귀의 아내는 접시에 도요새의 가슴뼈를 담아서 아버지에게 드렸다. 아버지는 새의 가슴뼈를 자르기 시작했다. 아버지가 말했다.

"이게 뭐야? 난 한 번도 도요새를 먹어 본 적이 없어. 이게 사람이 먹는 음식이란 말인가!"

다음 날 쿠이예미가 돌아왔다. 그는 사슴과 곰을 사냥해서 가지고 왔다. 다음 날 곰의 머리를 삶아 사람들을 모두 불렀다. 사람들이 모두 모였다. 곰의 머리 중 한쪽을 장인의 접시에 담아 주고 다른 쪽을 갈매기에게 주었다.

"형님, 자르세요!"

"아니야! 난 곰을 한 번도 먹어 본 적이 없어!"

그렇게 말한 후 갈매기는 다시 새로 변해 날아가 버렸다. 갈매기의 아내는 자신이 새와 부부로 살았단 것을 한탄하며, 밖으로 나가 스스로 목숨을 끊었다.

다시 쿠이예미는 곰의 머리를 까마귀의 접시에 담아 주었다.

"형님, 인간이 끓인 이 고기를 먹어 보세요!"

"아니야. 깍. 난 곰의 머리를 한 번도 쪼아 본 적이 없어."

까마귀가 날아가 버렸다. 그의 아내도 밖으로 나가 스스로 목숨을 끊었다.

쿠이예미는 이번에는 딱따구리에게 곰의 머리를 주었다.

"형님, 인간이 끓인 이 고기를 먹어 보세요!"

"아니야. 난 곰의 머리를 한 번도 쪼아 본 적이 없어."

딱따구리의 아내 역시 집을 나가 스스로 목숨을 끊었다.

이번에는 날다람쥐에게 곰의 머리를 주었다.

"형님, 드세요."

"아니야. 난 곰을 한 번도 먹어 본 적이 없어!"

날다람쥐의 아내는 밖으로 나가 스스로 목숨을 끊었다.

쿠이예미는 마지막으로 청설모에게 곰의 머리를 주었다.

"한번 먹어 봐요!"

"아니. 곰을 한 번도 먹어 본 적이 없어."

청설모도 떠나 버렸다. 청설모의 아내도 밖으로 나가 스스로 목숨을 끊으려고 했다. 그러나 쿠이예미가 그녀를 구해 주었다.

"불쌍한 여인이여! 부디 죽지 마시오."

촌장 노인은 막내딸을 쿠이예미와 혼인시켰다. 촌장과 사위 쿠이예미는 유목을 떠나야만 했다. 촌장이 사위에게 말했다.

"어디에서 살아야 하지? 누가 나를 돌보겠어?"

"제가 돌볼게요!"

"좋아. 가자!"

쿠이예미는 장인을 데리고 어머니가 사는 곳으로 돌아갔다. 쿠이예미의 어머니는 좋은 사람이었다. 쿠이예미는 하인들과 모두 함께 가서 공동체를 이루었다. 그렇게 모두 함께 살았다.

장대 귀신

두 자매가 살았다. 하루는 언니가 나무를 하러 나갔고 동생 혼자 집에 남아 있었다. 밖에서 시끄러운 소리가 들렸다. 누군가 집에 온 것 같았다.

장대, 내 다리, 질질,
망치, 내 머리, 땅땅,
집게, 내 팔, 쑥쑥,
대장간의 풀무, 내 배, 뚱뚱,
불꽃, 내 눈이 번쩍인다.

누군가 집으로 들어와서 말했다.

"아무도 없네. 아마 숨었나 봐. 그릇을 모아 놓고 입김을 불어야지. 그릇을 깨뜨려야지. 그러면 웃을 거야."

그리고 그릇을 깨뜨렸다. 그러나 처녀는 웃지 않았다.

"진짜 아무도 없나 보네."

그는 떠났다. 조금 후 언니가 왔다. 동생이 말했다.

"언니! 귀신이 왔다 갔어. 나는 숨어서 겨우 살았어. 우리 그릇을 모두 모아 놓고 입김을 불어 깨뜨렸어."

언니가 말했다.

"이제 네가 나무를 하러 가렴. 내가 집에 남을게!"

동생이 말했다.

"만일 귀신 발자국 소리가 들리면 숨어. 귀신이 웃기더라도 절대 웃지 마!"

언니가 말했다.

"알았어."

동생이 나무를 하러 나가자 시끄러운 소리가 들렸다.

장대, 내 다리, 질질,
망치, 내 머리, 땅땅,
집게, 내 팔, 쑥쑥,
대장간의 풀무, 내 배, 뚱뚱,
불꽃, 내 눈이 번쩍인다.

귀신이 들어왔다.

"또 아무도 없네. 함지박을 깨뜨려야지. 만일 누군가 숨어 있다면 웃을 거야."

귀신은 함지박에 입김을 불었다. 그러자 함지박이 깨졌다. 숨어 있던 언니가 웃음을 터뜨렸다.

"아이고, 여기 있었구나! 네 머리에서 이를 찾아 줄게!"

"나는 이가 없어요."

"있나 없나 어디 한번 보자."

"그럼 찾아보세요."

귀신은 처녀의 머리에서 이를 찾기 시작했다.

"이를 찾았어. 이를 어디에 놓으면 좋을까?"

처녀가 말했다.

"방석 위에 놓으세요."

"놓칠 거야."

"그럼 도마 위에 놓으세요."

"놓칠 거야."

처녀가 말했다.

"그럼 어디에 놓는 게 좋겠어요?"

"네 혀 위에 놓는 게 좋겠어."

"어떻게 혀 위에 놓아요?"

"괜찮아. 네 혀 위에 놓게 해 줘. 혀를 조금만 내밀어 봐."

처녀가 혀를 조금 내밀자 귀신은 그녀의 혀를 완전히 잡아 뽑았고 두 눈도 뽑았다. 그리고 처녀의 입과 눈에 톱밥을 채웠다. 그런 다음 처녀를 벽을 향해 앉히고 옆에는 그녀가 만든 바느질 통을 놓고 손에는 바늘을 쥐여 주었다. 그리고 귀신은 떠났다.

귀신이 떠난 후 동생이 돌아왔다. 썰매에 나무를 하나 가득 싣고 돌아왔다.

"언니! 나와서 도와줘!"

언니는 나오지 않았다. 언니가 나오지 않자 동생은 집 안으로 들어갔다. 언니는 벽을 보고 앉아 바느질을 하고 있었다.

"뭘 하느라고 도와주러 나오지 않는 거야?"

동생은 그렇게 말하며 언니의 어깨를 잡았다. 동생이 어깨를 건드리자마자 언니는 쓰러졌다. 동생은 언니를 바라보았다. 혀도 눈도 없었다.

언니의 모습을 본 동생은 귀신을 잡으러 가기로 했다. 귀신의 발자국을 따라갔다. 한참을 걷고 또 걸어 어느 헛간에 다다랐다. 헛간으로 들어가니 온통 사람의 혀가 걸려 있었다.

"만일 여기 언니의 혀가 있다면 좀 움식여라."

그러자 신선한 혀 하나가 움직였다. 동생은 그것을 잡고 계속해서 앞으로 걸었다. 또 헛간이 나타났다. 헛간으로 들어가니 온통 사람의 눈이 가득 있었다.

"여기 언니의 눈이 있다면 깜박여라!"

신선한 두 눈이 깜박거렸다. 동생은 두 눈을 들고 계속 앞으로 걸었다. 집이 한 채 나타났다. 집으로 들어가니 한 여자가 앉아 있었다.

"겁도 없이 내 집에 왔구나. 내 오빠가 귀신이야."

여자는 처녀에게 다양한 음식을 대접했다. 여자가 말했다.

"내가 아가씨를 숨겨 줄게. 오빠에게 들키면 잡아먹힐 거야."

여자는 처녀를 바느질 바늘로 변하게 해서 자신의 바느질 통 속에 집어넣었다.

저녁이 되자 장대 귀신이 집으로 돌아왔다.

장대, 내 다리, 질질,
망치, 내 머리, 땅땅,
집게, 내 팔, 쑥쑥,
대장간의 풀무, 내 배, 뚱뚱,
불꽃, 내 눈이 번쩍인다.

장대 귀신이 들어와서 말했다.

"인간의 숨 냄새가 나. 숨 냄새가 나."

귀신의 여동생이 말했다.

"오빠가 끌고 온 사람에게서 나는 거야. 봐! 냄새가 나."

귀신은 노루 한 마리와 사람을 가지고 왔다.

해는 이미 저물어 밖은 어두웠다. 귀신이 말했다.

"어디에 누워 자지?"

"여기 오빠 침상에 누워."

"어떻게 침상에 누워?"

"그럼 바닥에 누워."

"내가 어떻게 바닥에 누워?"

"그럼 어디에 누울 건데? 그럼 절구 속에 누워."

"그러자. 절구 속에 누울래!"

그들은 누웠다. 귀신은 코를 골기 시작했다. 귀신의 여동생이 처녀에게 말했다.

"지금이야!"

귀신이 고개를 들었다.

"뭐라고 말했어?"

"사라고 말했어."

다시 두 사람은 누웠다. 귀신은 아주 깊이 잠들었다. 귀신의 여동생이 말했다.

"지금이야!"

귀신은 코를 골며 자고 있었다. 처녀가 벌떡 일어나 절구를 찧었다. 귀신은 죽었다.

교활한 사람과 힘센 사람

교활한 사람과 힘센 사람이 있었다. 두 사람은 어머니와 함께 살았다. 어느 날 교활한 사람이 힘센 사람에게 말했다.

"내가 생각을 해 봤는데 말이야. 강 아랫마을에 사람들이 아주 많이 살고 있어. 너는 힘이 세니까 그 마을로 가서 살이 통통한 돼지를 훔쳐 와. 돼지를 등에 짊어지고 와. 오늘 밤에 가서 돼지를 끌고 오면 내일 우리가 돼지를 죽여서 먹을 수 있어."

힘센 사람은 돼지를 훔쳐서 밤중에 끌고 왔다. 그리고 다음 날 돼지를 죽였다. 교활한 사람이 힘센 사람에게 말했다.

"이 돼지의 임자는 나야. 내가 꾀를 내서 너에게 돼지를 잡아 오라고 했으니까."

힘센 사람이 말했다.

"돼지를 훔쳐 온 내가 돼지의 임자야."

그러자 교활한 사람이 말했다.

"제단에 가서 물어보자. 우리 중 누가 돼지의 임자인지 하늘에 계신 신이 알려 줄 거야."

힘센 사람은 화가 나 집으로 갔다. 그런데 교활한 사람은 제단으로 가서 나무 밑에 불을 피우고 죽을 끓였다. 그런 다음 나무 아래 구덩이를 파고 어머니를 묻었다. 구덩이에 묻으며 어머니에게 말했다.

"내가 하늘에게 이 돼지의 임자가 누구인지 알려 달라고 말하면 교활한 사람이라고 말하세요."

그때 힘센 사람이 왔다. 교활한 사람이 힘센 사람에게 말했다.

"하늘에게 물어보자. 하늘이 우리 중 누가 돼지의 임자인지 알려 줄 거야."

"하늘이시여! 우리 둘 중 누가 돼지 임자인지 알려 주십시오!"

그러자 나무뿌리 아래에서 소리가 났다.

"교활한 사람이 돼지 임자다!"

힘센 사람은 화가 나서 소리가 난 곳을 지팡이로 꾹꾹 눌렀다. 누른 다음 집으로 가 버렸다. 교활한 사람이 구덩이를 파서 어머니를 꺼내 보니 이미 죽어 있었다. 힘센 사람이 지팡이로 눌렀기 때문이었다.

교활한 사람은 죽은 어머니를 집으로 데려와 비단옷을 잘 입혀 썰매에 싣고 강 아래로 갔다. 강가에 다다라 썰매를 얼음 구덩이 옆에 세워 둔 다음 마을의 촌장을 찾아갔다.

그 촌장에게는 딸이 하나 있었는데 너무나 아름다웠다. 마을 사람들이 교활한 사람에게 물었다.

"저기 강가에 있는 썰매에 앉아 있는 여인이 누구요?"

"제 동생이에요."

촌장의 딸이 물었다.

"어째서 동생은 이리로 올라오지 않고 거기에 있는 거예요?"

"수줍어서 오지 않는 거예요."

"괜찮다고 해요. 올라오게 하세요. 수줍어할 게 뭐가 있어요?"

촌장의 딸이 말했다.

"제가 그녀를 데리고 올게요!"

그러자 교활한 사람이 말했다.

"그 아이는 귀가 잘 들리지 않아요. 좀 세게 미세요."

촌장의 딸이 강가로 갔다. 썰매로 다가가서 있는 힘을 다해 밀었다. 그러자 배에 있던 여자가 물에 빠졌다. 촌장의 딸은 깜짝 놀라 다시 마을로 돌아왔다.

"동생이 물에 빠졌어요!"

교활한 사람은 화를 버럭 냈다. 촌장에게 말했다.

"내 누이를 죽인 대가로 당신 딸을 아내로 삼게 해 주시오!"

촌장은 교활한 사람에게 딸을 내주었다.

그렇게 교활한 사람은 사기를 쳐서 얻은 아내를 데리고

집으로 향했다. 집에 와서 아내와 함께 살았다. 어느 날 힘센 사람이 교활한 사람 집에 와서 물었다.

"어떻게 아내를 얻게 되었어?"

교활한 사람이 말했다.

"저기 아랫마을에서. 엄마를 죽인 후 맞바꾸었어. 거기는 죽은 사람들이 아주 유용해."

힘센 사람이 말했다.

"그럼 나도 엄마를 죽여 거기로 데려가야겠다."

교활한 사람이 힘센 사람에게 말했다.

"강가에 있는 마을에 도착하면 죽은 사람을 팔려고 왔다고 소리 질러."

힘센 사람은 집으로 돌아와서 어머니를 죽인 후 썰매에 싣고 강 아래로 갔다. 마을에 도착해서 외쳤다.

"죽은 사람을 팔려고 왔소. 아내가 될 사람과 맞바꾸려고 왔소!"

마을 주민들은 몹시 화가 났다.

"저번에도 우리를 속여 처녀를 데려가더니."

도끼를 든 사람, 칼을 든 사람, 창을 든 사람들이 뛰쳐나왔다. 힘센 사람은 도망쳤다. 집에 와서 교활한 사람에게 말했다.

"네가 나를 속였어. 네가 거짓말을 해서 엄마를 죽게 만들었어."

그렇게 힘센 사람은 혼자서 외롭게 살게 되었다.

교활한 사람은 아내와 함께 장작을 아주 많이 패서 거리에서 불을 피워 숯을 만들었다. 숯을 모아 가마니 일곱 개에 꾹꾹 눌러 담았다. 가마니를 썰매에 매달아 아내와 함께 강 상류로 끌고 갔다. 가다가 두 남자를 만났다. 남자들은 여러 가지 물건이 든 가마니 일곱 개를 싣고 가고 있었다. 교활한 사람이 남자들에게 물었다.

"어디로 가시오? 무엇을 싣고 가시오?"

"여러 가지 물건이 가마니 안에 가득 들어 있소. 털가죽을 사러 가는 길이오."

"나도 가마니 일곱 개에 여러 가지 털가죽을 꽉 채워서 끌고 가는 길인데, 당신들이 필요하다면 물건을 실은 썰매와 함께 몽땅 바꿉시다. 내가 털가죽을 내줄 테니 당신들은 가지고 가는 물건을 내놓으시오. 썰매와 함께 통째로 바꿉시다!"

두 남자는 물건과 썰매를 몽땅 교활한 사람에게 내주었고, 교활한 사람도 물건과 썰매를 내주었다.

교활한 사람은 물건을 싣고 집으로 돌아왔다. 온 집 안이 물건으로 가득 찼다. 그때 힘센 사람이 왔다.

"이 많은 물건이 도대체 어디에서 났어?"

“숯 일곱 가마니하고 바꾸었어. 저 윗마을에서.”

“나도 내일 장작을 패서 숯을 만들어야겠다. 숯을 물건과 바꾸러 갈 거야.”

다음 날 힘센 사람은 장작을 패서 숯을 만든 후 가마니 일곱 개에 넣어 썰매에 싣고 윗마을로 갔다. 가다가 가마니 일곱 개를 썰매에 싣고 가는 남자 두 명을 만났다. 남자들이 힘센 사람에게 물었다.

“싣고 가는 게 무엇이오?”

“숯 일곱 가마니예요. 물건과 바꾸려고요.”

얼마 전에 교활한 사람과 만났던 남자들은 화를 냈다.

“얼마 전에 우리를 똑같이 속이더니. 물건을 사러 간다고?”

그 자리에서 남자들은 힘센 사람을 죽였다.

교활한 사람은 힘센 사람의 재산을 차지해 더 부자가 되었다.

입찬

입찬이 형과 함께 살았다. 어느 날 형은 사냥을 하러 나갔다. 저녁에 형은 사냥을 마치고 집으로 돌아왔다. 입찬은 집에 앉아 있었다. 형이 집에 들어와서 장화와 외투를 벗었다. 조금 후 형이 입찬에게 말했다.

"지붕 위에 내가 고기 말린 것을 놓았어. 가서 가져와!"

입찬이 고기를 가지러 갔다. 그리고 창자와 고기를 가지고 왔다. 형이 말했다.

"입찬, 뭐 하는 거야? 들어와 앉아서 먹을 준비를 해야지."

입찬이 말했다.

"형은 어디에서 맛있는 음식을 구했어?"

"입찬, 일단 앉아서 먹어!"

"좋은 음식이야!"

입찬과 형은 함께 음식을 먹었다.

형이 말했다.

"입찬, 이제 잠자리에 들자!"

입찬이 말했다.

"말해 주지 않아도 돼!"

입찬은 외투를 입고 모자를 쓰고 장갑을 꼈다. 입찬은 밤에 집을 나섰다. 형이 말했다.

"입찬, 말해 줄게!"

그러나 입찬은 집을 나섰다. 형이 동생에게 욕을 했다.

"아이고, 이 바보야!"

입찬은 타이가의 산으로 곧장 달려갔다. 형의 발자국을 따라가다가 어느 집 앞에서 멈췄다. 안으로 들어가니 사슴이 가득했다. 입찬이 들어오자 사슴들은 놀랐다. 입찬은 바닥에 앉았다. 입찬이 앉자 한 사슴이 자신의 다리 한쪽을 불에 구웠다. 다리에서 기름이 뚝뚝 흘렀다. 입찬이 말했다.

"사슴아! 다리가 다 타겠어!"

그러나 사슴은 입찬의 말을 듣지 못했다. 입찬이 다시 말했다.

"사슴아! 다리가 다 타겠다고!"

입찬이 화를 내며 장작개비를 들고 사슴을 때렸다.

"사슴아! 다리가 다 타겠다고!"

입찬은 그렇게 말하며 사슴을 때렸다. 사슴들은 바로 밖으로 뛰쳐나갔다. 입찬이 사슴들 뒤를 따랐다. 사슴들은 완전히 달아나 버렸다. 입찬은 다시 집으로 돌아왔다. 자신의 그릇을 잡았다. 그릇에는 삶은 비계가 차갑게 식어 있었다. 그는 비계를 먹어 치웠다. 그리고 그릇을 핥아 먹었다. 형이 물었다.

"어디 갔다 왔니?"

"형이 갔다 온 데를 다녀왔어."

형이 말했다.

"네가 가져온 것이 도대체 어디 있어?"

입찬이 말했다.

"사슴들이 있는 집으로 가긴 갔어. 내가 들어가니까 한 사슴이 다리를 불에 집어넣었어. 그래서 내가 사슴더러 다리가 다 타겠다고 말해 주었어. 내가 그렇게 말했는데도 사슴은 듣지 않았어. 그래서 장작개비를 들어 사슴들을 때렸어. 그랬더니 사슴들이 다 달아나 버렸어."

형이 말했다.

"입찬, 무슨 짓을 한 거야? 부끄럽지도 않아! 너는 이제 굶게 될 거야!"

"어쩔 수 없었어!"

두 사람은 차를 마신 후 잠자리에 들었다. 다음 날 아침 형은 사냥을 떠났고 입찬 혼자 집에 남았다. 저녁이 되자 형은 자루에 뭔가를 잔뜩 넣어 끌고 집으로 돌아왔다. 입찬이 말했다.

"형, 끌고 온 게 뭐야?"

"뭘 물어? 말해 주지 않을 거야."

"형, 말해 줘!"

입찬은 형이 차려 준 음식을 먹기 시작했다. 형이 말했다.

"입찬, 배가 고팠구나? 어디 보자. 좀 말랐나?"

입찬은 음식을 다 먹어 치웠다.

"형, 어디에서 이렇게 좋은 음식을 가져왔어?"

"입찬, 잘 설명해 줄게!"

입찬이 말했다.

"설명해 달라고 부탁하지 않았어!"

입찬은 모자와 장갑을 들고 밖으로 나가 형의 발자국을 따라갔다. 형이 말했다.

"아이구, 저 바보! 코세리 노파에게 죽으려고!"

입찬은 집에서 나갔다. 한참을 가니 헛간이 하나 있었다. 입찬은 헛간으로 들어갔다. 말린 물고기가 가득 담긴 지게가 널브러져 있었다. 입찬이 지게에 걸려 넘어졌다. 입찬이 오열했다.

"코세리 노파! 당신 지게가 나를 짓눌러!"

코세리 노파가 갈퀴 같은 손톱을 쓱쓱 갈았다.

"인간 놈이 내 창고의 음식을 다 먹어 치웠어. 어떤 놈이야? 두고 봐라!"

노파가 밖으로 나와 입찬을 보고 가까이 갔다. 입찬은 가지고 온 자루를 던져 버리고 노파에게 덤벼들었다. 입찬과 노파는 싸웠다. 노파는 손톱으로 입찬의 배를 할퀴었다. 너무 깊게 할퀴어서 내장이 밖으로 나올 정도였다. 입찬은 아파서 신음 소리를 내며 집으로 달렸다. 내장을 움켜쥐고 집으로 달렸다. 집으로 들어갔다. 형이 입찬을 보았다. 내장이 다 삐져나와 있었다. 형이 근심스럽게 말했다.

"무슨 일이야?"

"코세리 노파가 내 배를 갈퀴 같은 손톱으로 할퀴었어."

"왜 거기 갔어? 내가 설명해 준다고 했잖아!"

입찬은 잠자리에 들었다. 다음 날 아침 입찬은 망치와 쇠를 벼르기 시작했다. 손톱 열 개를 만들었다. 둥근 쇠솥을 만들어 배를 덮은 후 어제 갔던 길을 따라서 다시 갔다. 어제 갔던 그 헛간으로 가서 소리를 지르기 시작했다.

"코세리 노파! 빨리 이리 나와!"

코세리 노파가 말했다.

"또 왔구나! 이제 너를 죽여 주마. 손톱을 갈고 난 다음에 너를 가만두지 않을 거야!"

노파는 손톱을 쓱쓱 간 다음 밖으로 나와 입찬에게 다가갔다. 입찬은 헛간 앞에 누워 있었다.

"입찬! 왜 누워 있어? 빨리 겨루자. 내가 죽여 주마!"

둘은 싸우기 시작했다. 코세리 노파가 입찬의 배를 할퀴자 징 소리가 났다. 코세리 노파가 말했다.

"배를 또 하나 만들었네!"

입찬이 노파의 배를 할퀴자 내장이 쏟아졌다. 노파는 죽었다. 입찬은 죽은 노파를 집으로 데려갔고 노파의 집은 불태웠다. 노파의 헛간에 있던 음식을 모두 짊어지고 집으로 돌아와서 세워 두었다. 입찬이 집으로 들어오자 형이 말했다.

"어때? 새로운 소식 있어?"

"내가 코세리 노파를 죽였어. 노파의 헛간에 있는 것을 다 가지고 왔어. 이제 우리 집엔 말린 고기가 아주 많아졌어!"

그 후 형제는 아무 일 없이 잘 살았다. 어느 날 형 네브한이 아무르강 하류로 갔다. 해가 저물 무렵 어느 작은 강에 도착했다. 강 어구에서 한 노인이 어살로 물고기를 잡고 있었다. 네브한이 말했다.

"할아버지! 안녕하세요?"

노인은 예기치 않은 만남에 깜짝 놀랐다.

"어디서 오는 길이니?"

형이 말했다.

"아무르 상류에서 왔어요. 거기가 제 집이에요. 할아버지 집은 여기서 멀어요?"

"아니. 가까워. 우리 집에서 하룻밤 묵고 가!"

네브한은 노인 집으로 가기로 결심했다. 할아버지가 말했다.

"우리 집에 도착하면 조용히 안으로 들어가야 해. 내 아이들은 모두 고양이야. 사람을 본 적이 없어서 놀랄 거야."

네브한은 출발했다. 그는 할아버지 집에 거의 다 와서 사슴 가죽으로 만든 스키를 조용히 털고 조용히 안으로 들어갔다. 그가 들어오자 고양이들이 놀랐다. 네브한이 말했다.

"무서워하지 마. 나는 사람이야. 귀신이 아니야."

두려움에서 간신히 벗어난 고양이들은 다시 앉았다. 네브한이 말했다.

"너희 아버지가 곧 올 거야."

네브한은 고양이들이 앉아 있는 침상으로 다가가 담배를 피웠다. 그때 노인이 들어와서 자신의 자리에 앉았다. 노인과 네브한은 식사를 했다. 네브한은 식사를 마친 후 장화를 벗었다. 장화는 찢어져 있었다.

"장화가 찢어졌어요. 어쩌죠?"

노인이 말했다.

"찢어졌으면 받침돌 기둥에 던져 버려!"

네브한은 장화를 집어 받침돌 기둥을 향해 던졌다. 네브한이 장화를 던지자 개가 달려가 장화를 받침돌 기둥으로 끌고 갔다. 모두 잠자리에 들었다. 다음 날 아침 네브한은 받침돌 기둥에 가 보았다. 장화가 거기에 있었다. 그는 장화를 집어 자세히 보았다. 장화는 잘 기워져 있었다. 아주 잘

덧대어 기워져 있었다.

노인이 네브한에게 말했다.

“내 집에 왔으니 고양이 한 마리를 주겠네. 자네는 썰매를 만들어서 고양이를 거기에 태우고 가게.”

네브한은 썰매를 만들었고, 노인은 어살로 고기를 잡으러 갔다. 네브한은 썰매를 다 만들었다. 저녁이 되자 노인이 돌아왔다. 고기를 많이 잡아 왔다. 노인은 집에 들어와 앉았다.

“썰매는 다 만들었니?”

“네. 다 만들었어요.”

“언제 출발할 거니?”

“내일 출발할 거예요.”

노인은 밖으로 나와 네브한이 만든 썰매를 헛간으로 끌고 가 먹을 것을 가득 실었다. 그리고 잘 묶은 후 집으로 들어왔다. 노인은 침상에 앉아 네브한에게 말했다.

“썰매에 짐을 실었어. 짐을 돌아보지 마. 집에 다 도착하면 봐.”

네브한은 다음 날 아침 일어나서 배불리 먹었다. 노인은 고양이를 은줄로 묶어서 네브한에게 주었다. 노인이 말했다.

“길이 좋으면 이 고양이에게 썰매를 끌게 하고, 길이 나쁘면 고양이를 썰매에 태워 데리고 가. 절대로 고양이를 때리지 마. 길을 가다 잠을 자게 되면 고양이에게 좋은 잠자리를 깔아 줘. 고양이에게 좋은 음식을 줘. 먹다 절반쯤 남은 빵을 주지 말고 하나를 다 줘!"

네브한은 고양이를 썰매에 태우고 집으로 향했다. 한참을 걷다가 저녁이 되자 하룻밤을 쉬어 가기로 했다. 불을 피우고 한쪽에 고양이가 잘 잠자리를 깔아 주었다. 다른 쪽에는 자신의 잠자리를 만들었다. 솥과 주전자를 걸어 음식을 만들어 요기를 하고 고양이에게도 한 접시를 주었다. 그런 다음 빵을 통째로 하나 고양이에게 주었다. 먹건 먹지 않건 절반을 주지 않고 하나를 통째로 주었다. 그리고 바로 잠자리에 들었다. 다음 날 네브한은 일어나서 식사를 하고 다시 출발했다. 네브한은 고양이에게 썰매를 끌게 하지 않고 썰매에 태워서 데리고 갔다. 계속 가다 보니 집 근처였다.

입찬은 집에서 나와 있었다. 형이 보였다. 형이 오솔길을 따라 썰매를 끌고 오고 있었다. 입찬이 형을 도와 썰매를 끌어다 놓았다. 입찬이 말했다.

"형, 고양이가 어디에서 났어?"

"조금 있다 저녁에 말해 줄게."

그들은 썰매를 집까지 끌고 왔다. 입찬이 고양이를 데리고 들어왔고, 형은 짐을 헛간으로 끌어다 놓았다. 형은 썰매를 집 지붕에 얹고 고양이를 자신의 옆에 묶었다. 입찬은 솥과 주전자에 물을 끓였다. 형제는 음식을 먹었다. 형은 고양이에게 음식이 가득 든 접시를 주었다. 입찬이 말했다.

"왜 고양이에게 사람이 먹는 음식을 먹여?"

형이 말했다.

"이 고양이가 너보다 나아."

입찬이 말했다.

"어떻게 고양이가 나보다 낫단 말이야? 고양이를 죽여버릴 거야!"

"고양이를 죽이면 네 머리통이 날아갈 줄 알아!"

형제는 식사를 마친 후 잠자리에 들었다. 다음 날 아침 일찍 입찬은 밖으로 나갔다가 들어왔다. 입찬은 형이 있는 곳을 보았다. 형 옆에 여자가 누워 있었다. 아주 아름다운 여자였다. 입찬은 불을 피우고 솥과 주전자를 걸었다. 그런 다음 장화를 신고 무릎까지 올라오는 긴 양말을 신고 외투를 입고 털모자를 꾹 눌러쓰고 장갑을 잡아당겨 꼈다. 그리고 밥을 먹기 시작했다. 입찬은 옷을 다 입은 채로, 심지어 장갑까지 낀 채 밥을 먹었다. 그때 네브한이 잠에서 깼다. 네브한이 말했다.

"입찬! 아침 일찍 어디를 가려고?"

입찬이 말했다.

"어디를 가든 말든 무슨 상관이야? 말해 주지 않을 거야. 형도 어디서 고양이를 얻었는지 말해 주지 않았잖아."

입찬은 집을 나섰다. 집을 나설 때 형이 말했다.

"입찬! 말해 줄게. 기다려. 이야기해 줄게!"

입찬은 형의 말을 들은 척도 하지 않고 나가 버렸다.

입찬은 계속 쉬지 않고 걸었다. 한 작은 강까지 오게 되었다. 한 노인이 강가에 앉아서 물고기를 잡고 있었다. 물고기를 아주 많이 잡은 것이 보였다. 노인은 물속을 뚫어지게 응시하고 있었기 때문에 입찬이 다가오는 것을 알아채지 못했다. 입찬은 노인 등 뒤에서 고함을 쳤다.

"할아버지! 사람이 오는 것도 모르시네요!"

노인은 깜짝 놀라 비명을 지르며 뒤로 넘어졌다가 다시 앉았다. 노인이 말했다.

"아이고, 간 떨어질 뻔했다."

입찬이 말했다.

"어떻게 사람이 오는 것도 모르실 수 있어요? 제가 소리치는 거 못 들으셨어요?"

노인이 말했다.

"도대체 왜 조용히 말하지 않았어? 나는 이제껏 사람을 본 적이 없어."

입찬이 물었다.

"집이 어디세요?"

"가까워. 내 집에 가려거든 조용히 걸어가. 집 안으로 조용히 들어가. 조용히 살금살금 걸어서 들어가. 소리를 내지 말고. 내 아이들은 모두 고양이인데 사람을 본 적이 없어. 놀랄 거야."

입찬은 그곳을 떠났다. 입찬은 노인 집에 도착해서 스키를 큰 소리가 나게 집어 던졌다. 고양이들은 깜짝 놀라 야옹거리기 시작했다. 얼마나 놀랐는지 창문이 깨질 정도였다. 입찬이 들어가서 소리치기 시작했다.

"왜 놀라니? 사람 처음 봐? 네 머리통을 박살내 주마!"

입찬은 장작개비를 휘둘러 고양이를 때리기 시작했다. 다시 다른 고양이를 때렸다. 계속 고양이들을 때렸다. 그리고 침상에 앉아서 말했다.

"또 놀랄 거니? 그래. 놀래라. 계속해서 내가 흠씬 두들겨 줄 테니!"

고양이들은 겁에 질려 엎드렸다. 입찬은 침상에 앉아 말했다.

"너희 아버지가 솥과 주전자에 물을 끓이라고 했어. 곧 온다고. 뭐가 그렇게 무섭니? 나는 사람이야. 귀신이 아니라고."

조금 후 노인이 돌아왔다. 고기를 많이 잡아 지게에 지고 왔다. 노인은 고양이들이 겁에 질려 있는 것을 보고 말했다.

"어째서 우리 아이들을 겁에 질리게 했어?"

입찬이 말했다.

"저는 아무 짓도 하지 않았어요. 그냥 제가 집에 들어왔는데 놀라더라고요."

"네가 겁주지 않았는데 왜 무서워하겠어?"

노인은 말을 마치고 물고기를 끓였다. 입찬은 장화를 벗었다. 장화가 찢어져 있었다.

"할아버지! 장화를 고치려면 어떻게 하죠?"

"받침돌 기둥에 던져!"

입찬은 장화를 받침돌 기둥을 향해 던졌다. 장화를 던지자 기둥 아래서 개 한 마리가 나와 장화를 물었다. 개가 장화를 물자 입찬이 벌떡 일어나 개에게 소리를 지르며 막대기로 때리기 시작했다. 한참을 때렸다. 개는 사라졌다. 입찬이 집을 샅샅이 뒤졌지만 개는 없었다. 입찬은 불같이 성을 냈다.

"마지막으로 남은 장화를 물고 갔어. 아까워 죽겠네!"

입찬은 장화 때문에 흑흑 흐느껴 울었다.

노인이 말했다.

"괜찮아. 울지 마. 내일 내가 줄게."

두 사람은 요기를 좀 하고 잠자리에 들었다. 다음 날 입찬은 일어나서 받침돌 기둥을 살펴보았다. 장화가 거기에 있었다. 입찬은 장화를 들고 찬찬히 살펴보았다. 찢긴 곳이 말끔히 꿰매져 있었다. 큰 솜을 덧대어 누벼져 있었다. 입찬이 말했다.

"어떻게 이렇게 꿰맸지? 아주 형편없이 꿰맸어!"

노인이 말했다.

"그러게 왜 어제 저녁에 개를 때렸어? 그래서 그렇게 형편없이 꿰맨 거야."

입찬이 말했다.

"저는 고양이를 데리러 왔어요. 줄 거예요? 주지 않을 거예요?"

노인이 말했다.

"인간이 부득하는데 어쩌겠어. 줄게. 오늘 썰매를 만들어!"

노인은 어살을 들고 물고기를 잡으러 나갔다. 입찬은 썰매를 만들기 시작했다. 저녁에 썰매가 다 만들어졌다. 노인이 물었다.

"입찬, 썰매는 다 만들었니?"

"다 만들었어요."

노인은 입찬이 만든 썰매에 짐을 가득 실었다. 두 사람은 음식을 만들어서 먹고 잠자리에 들었다. 입찬은 다음 날 아침 떠날 채비를 했다. 노인은 고양이를 황금 줄에 묶어 입찬에게 주며 말했다.

"길이 나쁘더라도 고양이에게 썰매를 끌게 하지 마. 길이 좋으면 고양이에게 도와 달라고 해!"

입찬은 집을 향해 출발했다. 가다가 길이 나빠지자 고양이에게 썰매를 끌게 했다. 고양이에게 매질을 하며 썰매를 끌게 했다. 길이 좋아지자 고양이를 썰매에 앉혔다. 그렇게 길을 갔다. 저녁이 되자 하룻밤을 쉬어 가기 위해 멈췄다. 입찬은 불을 피웠다. 자신이 잘 곳에는 요를 두껍게 깔고 고양이에게는 얇은 요를 깔아 주었다. 그런 다음 음식을 먹기 시작했다. 고양이에게는 음식이 반만 담긴 접시를 주었다. 말린 물고기도 절반만 주고, 빵도 절반만 주었다.

다음 날 아침 입찬이 일어나 맞은편을 바라보았다. 여자가 울고 있었다.

"아버지가 이런 사람에게 나를 시집보내다니! 음식을 절반만 주어서 나는 절반만 사람이 됐어!"

입찬이 고양이를 바라보았다. 반쪽만 사람의 얼굴을 하고 있었다. 입찬과 아내는 계속해서 집을 향해 갔다. 한참 후 집에 거의 도착했다. 네브한의 아내가 마중을 나왔다. 오솔길을 따라 내려왔다. 네브한의 아내가 입찬과 아내를 보고 말했다.

"입찬, 내 동생을 잘도 만들었다! 도대체 왜 내 동생의 기분을 상하게 했어?"

네브한의 아내는 동생을 집으로 데리고 갔다. 입찬이 뒤따라 들어갔다. 그들은 함께 살기 시작했다. 네브한과 입찬에게는 아이가 없었다. 입찬의 아내는 반쪽만 사람인 채 그렇게 오랫동안 살았다.

까마귀와 매

어느 눈 덮인 곳에 매 한 마리와 까마귀 한 마리가 살았다. 까마귀는 매보다 나이가 많았다. 까마귀와 매는 사이좋게 잘 살았다. 그들은 불을 피웠다. 밤이나 낮이나 불을 피웠다. 매와 까마귀는 항상 사이좋게 잘 살았다. 그러던 어느 날 까마귀가 둥근 창문을 통해 날아가 버렸다. 그러자 매 혼자 외롭게 살게 되었다. 까마귀가 날아간 후 매는 혼자서 외롭게 살았다. 그렇게 혼자서 외롭게 살던 매는 둥근 창문을 통해 날아갔다. 매는 아무르강을 따라 날아갔다. 오랫동안 날았다. 여자 다섯 명이 버찌를 따고 있는 것이 보였다. 매는 나무에 앉았다. 아주 화창하고 더운 날이었다.

제일 나이가 많아 보이는 여자가 말했다.

"목욕하러 가자!"

막내로 보이는 여자가 말했다.

"싫어. 안 갈래!"

"괜찮아. 가자!"

다섯 여자는 목욕을 했다. 그때 매가 날아와서 막내의 속바지를 지저분하게 더럽혔다. 그런 다음 다시 원래 앉아 있던 나무로 날아가서 앉았다.

여자들이 목욕을 마치고 강가로 올라왔다. 막내의 속바지가 완전히 얼룩져 있었다. 막내는 속바지를 풀잎으로 문질러 닦은 후 입었다. 막내는 다시 버찌를 땄다. 얼마 후 막내는 임신을 했다. 여자들은 아무르강의 다른 쪽으로 이주를 했다. 막내는 이주하는 도중에 아기를 낳았다. 남자아이였다. 막내는 아기를 외투에 둘둘 말았다. 강의 중간쯤 오자 큰언니가 말했다.

"아기를 줘. 내가 안고 있을게."

"왜?"

"줘 봐. 내가 안고 있을게!"

막내가 아기를 언니에게 건넸다. 아기를 받은 언니는 아기를 아무르강 한가운데에 던져 버렸다.

다섯 여자는 다시 이동하기 시작했다. 막내는 아기가 가여워 계속 울었다. 큰언니가 말했다.

"뭘 좋은 걸 낳았다고 우는 거니!"

그들은 강을 계속 건넜다. 큰언니가 노를 저었다. 계속해서 노를 저었다. 마침내 그들은 강가에 도착했다. 큰언니가 물속으로 뛰어 들어갔다. 허리까지 물이 찼다. 큰언니는 강가로 뛰어갔다.

"아버지! 아버지가 사랑하는 막내딸이, 항상 제일 좋은 것만 먹이시던 그 막내딸이 매의 아이를 낳았어요!"

노인이 뛰쳐나왔다. 가을 연어만 한 창을 들고 딸에게로 뛰어가는 노인을 큰딸이 붙잡았다. 노인이 말했다.

"죽여 버릴 거야. 감히 살 생각을 하다니. 내 집에서 절대 살지 못할 줄 알아!"

넷째 딸이 말했다.

"아버지! 그만두세요!"

아버지는 소리치는 것을 멈추고 막내딸을 세게 때리고 귀고리를 잡아 뺐다.

한편 매는 아이를 찾아서 강 주위를 날아다녔다. 아기는 아무르강을 따라 아래로 떠내려갔다. 매는 아기가 떠내려가는 것을 지켜보았다. 아기는 물길이 굽은 곳에서 더 이상 떠내려가지 않고 멈추었다. 강 하류 근처에 큰 부락이 있었다. 매는 부락 근처에 앉았다.

그때 한 예쁜 처녀가 물을 길으러 왔다. 처녀는 물을 퍼 담으려고 했다. 아기가 있었다. 처녀는 양동이를 집어 던지고 아기를 안고 집으로 돌아왔다.

처녀의 아버지가 처녀에게 말했다.

"아마도 귀신임에 틀림없어. 버려. 왜 데려왔어? 귀신임에 틀림없어."

처녀가 말했다.

"버리지 않을 거예요!"

처녀의 아버지가 하인들에게 말했다.

"여봐라! 강 하류에 사는 모자 쓴 노인을 데려오너라. 강 상류에 사는 여우처럼 붉은빛을 하고 있는 노인을 데려오너라. 곱사등이 아홉 명을 데려오너라. 병사 일곱 명을 데려오너라. 그들이 어떻게 생각하는지 알아야겠다!"

강 하류에 사는 모자 쓴 노인이 왔다. 강 상류에 사는 여우처럼 붉은빛을 하고 있는 노인이 왔다. 곱사등이 아홉 명이 왔다. 병사 일곱 명이 왔다.

처녀의 아버지가 말했다.

"강 하류에 사는 모자 쓴 노인과 강 상류에 사는 여우처럼 붉은빛을 한 노인이여! 생각해 보시오. 심판을 해 주시오. 내 딸이 오늘 물을 길으러 갔다가 아기를 발견했소. 어떻게 할까요? 강 하류에 사는 모자를 쓴 노인과 강 상류에 사는 여우처럼 붉은빛을 한 노인이여! 생각해 보시오. 판단을 해 주시오!"

강 하류에 사는 모자 쓴 노인이 말했다.

"글쎄. 내 생각에는 아마도 귀신이 꾸민 짓 같은데."

강 상류에 사는 여우처럼 붉은빛을 한 노인이 말했다.

"아마도 물귀신의 계략 같은데. 여러 가지 음식을 준비해서 다시 물속에 던져!"

곱사등이 아홉 명이 말했다.

"내 생각으로는 필시 물귀신의 계략임이 틀림없어."

처녀의 아버지가 말했다.

"일곱 병사여! 한번 잘 생각해 보시오. 판단을 해 주시오!"

병사 일곱 명이 말했다.

"딸이 살 집을 따로 만들어 주시오. 강에서 멀리 떨어진 저 타이가에 집을 만들어 주시오. 그런 다음 딸과 아기가 함께 살도록 하시오. 만일 아기가 귀신이라면 자라지 않을 것이고, 인간이라면 자랄 것이오. 나는 그렇게 생각하오."

처녀의 아버지가 하인들에게 말했다.

"애들아, 집을 한 채 지어라!"

하인들은 타이가로 가서 집을 한 채 지었다. 처녀는 거기로 거처를 옮겼다. 처녀는 아기와 둘이서 거기에서 살았다.

세월이 흘렀다. 아기는 자랐다. 어느 날 여자는 쓰레기를 버리러 갔다가 쓰레기 더미 속에서 매 한 마리를 발견했다. 매는 아이와 놀기 위해 여자가 자신을 발견하도록 일부러 거기에 있었다. 여자는 매를 집으로 데려와서 묶어 놓았다. 여자와 아이와 매는 한 집에서 살게 되었다. 매는 무엇을 주어도 먹지 않았다. 생선알도 먹지 않고 좋은 것만 먹었다. 어느 날 저녁 여자가 매에게 욕을 했다.

"무슨 매가 아무거나 먹지 않고 내 아이의 음식을 축낸담? 좋은 것만 먹으려 하다니!"

여자는 매에게 욕을 한 후 잠자리에 들었다. 여자는 잠이 들었다.

아침에 일어나 보니 매가 없었다. 침상 밑에도 없고 구석 어디에도 없었다. 완전히 사라졌다.

"할 수 없지. 아이가 일어나면 매를 찾을 텐데. 괜히 욕을 했나?"

조금 후 아이가 일어났다. 아이는 매를 찾지 않았다. 정오가 되었다. 그때 무슨 소리가 났다. 누군가 스키를 타고 오는 것 같은 소리가 들렸다. 집 밖에서 누군가 스키를 벗어서 문 옆에 세워 놓고 안으로 들어왔다.

담비 외투를 입은 잘생긴 남자였다. 물속에서 나왔는지, 하늘에서 떨어졌는지 알 수 없었다. 잘생긴 남자였다. 남자는 여자 옆에 앉았다.

"만약에 내가 매의 아내 옆에 앉는다면 어떻게 될까? 나를 과연 부리로 죽일까? 만약에 내가 매의 아내 옆에 눕는다면 어떻게 될까? 나를 과연 부리로 죽일까? 만약에 내가 매의 아내 무릎을 벤다면 어떻게 될까? 나를 과연 부리로 죽일까?"

여자가 말했다.

"내가 언제 매와 살았어요?"

네브한이 말했다.

"그럼 당신이 누구와 놀았지? 나는 원래 매야. 어제 저녁에 당신이 누구를 욕했지? 나를 욕했어. 당신이 누구 아이를 키웠다고 생각해? 바로 내 아이야."

여자는 남편을 찾게 되었다.

세월이 흘러 아이는 크게 자랐다.

네브한이 말했다.

"여보! 부모님에게 가서 사위가 집으로 가고 싶어 한다고 말해."

여자는 부모님에게 가서 말했다.

"아버지! 어머니! 사위가 집으로 오고 싶대요."

아버지가 말했다.

"애야, 하룻밤 묵으러 집으로 오너라!"

여자는 집으로 돌아가서 아버지가 하룻밤 묵으러 오라고 했다고 말했다. 네브한은 아내와 함께 타이가에서 나와 처갓집에서 하룻밤을 묵었다. 네브한은 처갓집에 머무는 동안 장인과 장모가 죽을 때까지 충분히 먹을 수 있도록 짐승을 많이 사냥해 주었다. 그런 다음 떠날 채비를 했다.

네브한이 아내에게 말했다.

"당신은 내일 출발해. 나와 아들은 강 윗마을로 먼저 출발할게. 거기서 만나."

네브한과 아들은 출발했다. 한참 후 마을에 도착했다. 마을의 촌장 집으로 올라갔다. 집 안에는 여자 네 명이 있었다. 구석에 또 한 여자가 보였다. 머리카락은 까마귀 둥지 같았다. 네브한이 그녀 옆에 가서 앉았다.

"이 사람이 내 전처인 것 같아. 불쌍해. 사람들이 그녀를 모욕했어."

촌장이 말했다.

"더러워. 더러워. 왜 여기에 앉았어?"

네브한이 말했다.

"그럼 아내와 떨어져 앉으라고요? 내 아들도 엄마와 떨어져 앉으라고요?"

그제야 여자는 아이에게 입을 맞추었다.

촌장이 말했다.

"딸들이 얼마나 중상모략을 했는지 몰라. 나도 정말이지 너를 내라고 생각했어."

촌장의 아내가 말했다.

"내가 여러 번 말했잖아요. 일단 태어났으면 키워야 한다고. 내가 그렇게 당신에게 말했잖아요! 이제부터는 당신은 잘난 딸들한테서 얻어먹으시구려!"

촌장의 아내는 남편을 아주 심하게 욕했다. 촌장이 말했다.

"이제 나는 어떻게 해야 한단 말인가! 딸들 때문에 정말

화가 났어."

네브한이 말했다.

"내일 낮에 제 처를 데리고 떠날게요."

네브한은 다음 날 아내를 데리고 출발했다. 촌장은 막내딸에게 많은 하인을 딸려 보냈다. 모두 출발했다. 한참 후 집에 거의 도착했다. 강 위쪽에 부락 하나가 있었다. 어떤 한 남자가 집에서 나와 줄곧 아무르강 아래를 바라보았다. 네브한 일행은 강가에 멈췄다. 그때 남자가 다가와서 말했다.

"형! 왜 이렇게 오래 기다리게 하는 거야? 어디를 그렇게 오랫동안 방황하고 다닌 거야?"

남자는 작은 도끼를 아무르강 아래쪽으로 던졌다. 집들이 생겨났다. 작은 집에서 살았던 하인들은 작은 집으로 들어갔고 큰 집에서 살았던 하인들은 큰 집으로 들어갔다. 네브한은 자기 집으로 들어갔다. 그의 동생은 두 아내를 데리고 왔다. 그에게도 아내가 둘이었다.

그들은 오랫동안 행복하게 살았다.

거북이

집이 한 채 있었다. 그 집에 거북이가 살았다. 거북이가 사는 집은 정말 아름답게 꾸며져 있었고 침상도 눈부셨다. 불도 밝게 켜져 있었고 장작도 준비되어 있었고 물도 있었다. 거북이는 행복하게 잘 살았다.

그렇게 살던 어느 날 거북이는 밖으로 나갔다. 너무 눈이 부셨다. 주위를 빙빙 돌다가 다시 집으로 돌아왔다. 다시 그렇게 살았다. 어느 날 거북이는 생각에 잠겼다.

'사람들이 사는 세상을 다녀와야겠어.'

거북이는 생각을 거듭한 끝에 집을 나섰다. 침상에서 바닥으로 빙 돌아 내려와 문 있는 곳까지 왔다. 밖으로 나와 빙빙 돌며 타이가의 산으로 가는 오솔길을 따라서 갔다.

거북이는 계속 돌고 돌아 어느 집까지 왔다. 집 앞에 이불이 두 채 걸려 있었다. 하나는 여우 털 이불이고 다른 하나는 청설모 털 이불이었다. 거북이는 여우 털 이불에 기어 들어가 몸을 둘둘 말았다. 조금 후 집에서 한 처녀가 나와 타이가로 올라가려고 출발했다. 얼마 후 다시 처녀는 집으로 돌아와 문 앞에 서서 언니에게 소리를 질렀다.

"언니, 왜 언니 이불이 떨어져 있어?"

언니가 말했다.

"진짜? 왜 떨어졌지? 한 번도 떨어진 적이 없는데. 특히 오늘처럼 좋은 날씨에."

언니는 말을 마치자마자 밖으로 나와 이불 쪽으로 갔다. 자신의 이불로 다가가 이불을 들어 올렸다. 이불 속에서 거북이가 떨어졌다. 여자가 말했다.

"도대체 어디서 온 거지?"

말이 끝나기 무섭게 언니는 막대기를 집어 동생과 함께 거북이를 때리기 시작했다. 한참을 때리고 나서 거북이를 던졌다. 그리고 집으로 들어갔다. 조금 후 동생이 다시 나와 거북이를 살펴보려고 갔다. 그런데 거북이는 사라지고 없었다. 동생은 다시 집으로 들어가 언니에게 말했다.

"언니, 아까 그 거북이가 사라졌어."

거북이는 빙빙 돌며 앞으로 갔다. 한참을 가다 또 한 집 앞에서 멈췄다. 그 집에는 여자 세 명이 살고 있었다. 집 앞에는 이불 세 채가 걸려 있었다. 두 채는 평범한 여우 털 이불이고 하나는 십자여우 털 이불이었다. 거북이는 십자여우 털 이불로 들어가 이불로 몸을 둘둘 말았다. 집에서 한 여자가 나와서 말했다.

"언니! 언니 이불이 떨어졌어."

언니가 말했다.

"왜 이불이 떨어졌지? 그런 일이 한 번도 없었는데."

언니가 밖으로 나와 이불이 걸려 있던 쪽을 바라보았다. 정말 이불이 떨어져 있었다. 언니는 투덜대기 시작했다.

"이렇게 좋은 날씨에 이불이 도대체 왜 떨어진담?"

언니는 투덜거리며 이불을 들어 올렸다. 거북이가 떨어졌다. 거북이는 막대기로 두들겨 맞았다. 언니와 동생은 거북이를 때린 후 집으로 들어갔다. 조금 후 다른 여자가 나와 거북이가 어디에 있나 찾았다. 거북이는 사라지고 없었다. 여자는 다시 집으로 들어갔다.

"아까 그 거북이가 없어."

거북이는 빙빙 돌며 앞으로 갔다. 한참을 가니 어떤 외딴집이 있었다. 그 집에는 여자 셋이 살았다. 집 앞에 이불 세 채가 걸려 있었다. 거북이는 살짝이 털 이불로 들어가 몸을 돌돌 말았다. 조금 후 집에서 여자가 나와서 소리쳤다.

"네 이불이 떨어졌어."

아까 여자보다 약간 어린 여자가 나왔다. 여자는 이불이 떨어진 것을 보고 이불 쪽으로 다가갔다. 거북이가 있었다. 여자는 거북이를 이불로 잘 싸서 집으로 데리고 들어갔다. 여자는 거북이를 잘 숨겨 놓고 언니들에게 보여 주지 않았다.

저녁이 되자 여자는 음식을 만든 후 거북이를 찬장에 올려놓았다. 여자가 거북이에게 음식을 주자 거북이는 여자가 준 음식의 절반을 먹어 치웠다. 그렇게 지내던 어느 날 여자가 버드나무 가지를 꺾으러 나갔다. 여자가 집을 비우자 두 언니가 이야기를 나누었다.

"막내가 찬장에 무엇을 숨겼을까?"

찬장을 열어 보니 거북이가 있었다. 두 여자는 거북이를 집어 막냇동생의 침상에 던지고는 깔깔 웃었다. 두 여자가 깔깔거리고 있을 때 막냇동생이 들어왔다. 여자들이 말했다.

"도대체 거북이를 왜 숨겨 놓았니?"

두 여자는 막냇동생이 한 짓을 아버지에게 이르러 갔다. 두 여자는 아버지 집에 들어가 말했다.

"아버지, 나쁜 음식은 먹이지도 않고 나쁜 옷은 입히지도 않은 아버지의 사랑하는 막내딸이 거북이와 살아요."

아버지는 불같이 화를 내며 창을 집어 들었다.

"애들아! 가자!"

아버지는 산으로 올라가 딸의 집으로 들어갔다. 아버지의 창에 딸이 입은 옷이 찢어졌다. 아버지가 요리사 하인에게 말했다.

"이 아이를 아무 데나 먼 데로 데리고 가!"

아버지는 다시 산을 내려와 집으로 갔다. 요리사 하인과 여자는 함께 걸었다. 한참을 가다가 길 끝에 집을 하나 지었다. 하인과 여자는 그 집에서 살게 되었다. 여자는 거북이에게 욕을 하기 시작했다.

"내가 미쳤다고 이 거북이를 보호했을까?"

여자는 거북이를 구석에 던져 버렸다.

얼마 후 여자는 다시 거북이를 찾았으나 거북이는 사라지고 없었다. 때는 낮이었다. 저녁에 사람 발자국 소리가 들렸다. 집 밖에서 사슴 가죽 스키를 벗고 눈을 터는 소리가 들렸다. 그리고 스키를 벗은 후 문 옆에 스키를 놓는 소리가 들렸다. 누군가가 들어왔다. 말로만 듣던 진짜 잘생긴 남자였다. 남자는 들어와서 여자의 침상에 앉았다. 여자는 벽을 향해 앉아 있었다. 여자는 타이가 쪽, 즉 부뚜막 반대편 쪽을 향해 앉아 있었다. 남자는 여자의 무릎을 베고 누웠다. 남자가 말했다.

"거북이가 아내의 무릎을 베면 나쁜 일이 생길까?"

여자가 말했다.

"당신이 거북이였을 때 제가 돌봐 줬잖아요. 제가 모를 거라고 생각하세요?"

두 사람은 함께 살았다. 남자는 여러 짐승들을 사냥해 왔다. 사슴과 곰의 고기와 기름을 한가득 가져왔다.

여자는 아버지에게 가기로 결심했다. 아버지 집에 가서 아궁이 뒤에 앉았다. 언니들은 결혼을 해서 남편들과 가정을 꾸리고 있었다. 여자가 말했다.

"아버지! 제 거북이 남편이 사냥한 고기 좀 드시러 오세요. 언니들도 형부들과 함께 오세요."

여자는 아버지에게 그렇게 말한 후 다시 자기 집으로 출발했다. 아버지와 어머니가 여자의 뒤를 따랐다. 언니들도 출발할 준비를 했다. 준비를 하며 말했다.

"우리 거북이가 사냥한 것을 실컷 먹어 볼까!"

두 언니는 그렇게 비웃으며 출발했다. 얼마 후 아버지는 막내딸의 집에 도착했다. 집 안으로 들어간 아버지가 말했다.

"아주 잘생긴 사위로구나. 얼굴 좀 봐. 네 언니들에게 속았어!"

얼마 후 여자의 두 언니가 집에 들어와 침상에 앉았다. 여자의 부모님과 언니들이 앉자 여자의 남편은 자신이 사냥해 온 고기를 대접했다. 여자의 언니들은 목이 말라 물을 마시러 항아리가 있는 곳으로 갔다. 항아리 속에는 녹은 비계가 있었다. 어디를 가나 도처에 비계가 있었다. 식사를 마치자 여자의 언니들은 떠났다. 언니들은 동생이 너무 부러워 질투가 났다. 집으로 돌아가는 길에 화를 참지 못하고 스스로 목숨을 끊었다.

아버지와 어머니는 집으로 돌아갔다. 여자는 남편과 함

께 부모님을 따라가 함께 살았다.

남자는 여러 짐승을 많이 사냥해 왔다. 그들은 오랫동안 그렇게 살았다. 어느 날 남자와 여자는 다시 집으로 갈 채비를 했다. 두 사람은 집에 돌아와서 살았다. 남자는 다시 사냥을 다녔다. 그러던 어느 날 두 여자가 찾아왔다. 다음 날 또 세 여자가 찾아왔다. 남자는 사냥을 갔다. 남자가 사냥에서 돌아오자 여자들이 남자에게 묻은 눈을 털어 주었다. 남자가 장화와 종아리에 덧댄 것을 벗자 여자들은 서로 남자가 벗어 놓은 것을 가지고 가서 말리기 위해 매달아 놓았다. 남자의 아내가 말했다.

"여보! 저 여자들을 때리지 마세요. 그들은 도움이 많이 돼요. 차도 끓이고 장작을 옮겨다 주는걸요!"

남자는 아무 말 없이 잠자코 있었다.

남자는 다음 날 아침 일찍 일어나 나무를 쪼개 와서 여자들 옆에 놓았다. 남자는 아내 이외의 다른 여자들을 원치 않았기 때문에 여자들의 머리를 묶은 후 때렸다. 거의 죽을 때까지 때렸다. 겨우 살아남은 여자들은 떠났다. 그 후 남자와 여자는 둘이서 살았다. 오랫동안 그렇게 살았다.

늑대로 변한 다섯 여자

여자 다섯 명이 살았다. 아주 오랫동안 잘 살았다. 어느 날 나이가 제일 많은 여자가 말했다.

"이 큰언니가 가르쳐 줄게. 강 하류에 노인의 아들이 사는데 거기로 가자. 늑대 다섯 마리로 변해 이쪽저쪽에서 그를 물어뜯자."

"그래. 좋아!"

여자 다섯 명은 늑대로 변해 아무르강 하류로 뛰어갔다. 늑대들은 뛰어가다가 노인의 아들의 발자국이 난 오솔길을 발견했다. 늑대들은 오솔길에 숨어서 망을 보기 시작했다.

저녁 무렵 노인의 아들이 집으로 가고 있었다. 그는 머리와 몸을 흔들며 걸어갔다. 그는 집으로 가고 있었다. 그는 늑대들이 숨어 있는 곳 가까이까지 왔다. 큰언니가 말했다.

"우리 셋이 가슴 쪽을 공격할 테니 너희 둘은 머리로 달려들어!"

노인의 아들이 가까이 다가오자 큰언니가 말했다.

"좋아! 뛰자!"

늑대들은 노인의 아들에게 달려들어 이곳저곳을 물어뜯기 시작했다. 노인의 아들은 옷이 다 찢겼다. 머리카락도 모두 뜯겼다.

늑대들은 집으로 돌아왔다. 그들은 늑대 가죽을 걸어 놓고 다시 여자로 변신했다. 세월이 흘렀다. 어느 날 큰언니가 다시 동생들을 가르치기 시작했다.

"이 큰언니가 가르쳐 줄게. 강 상류에 말을 가진 형제 다섯 명이 산다고 하더라. 그 말의 한쪽 옆구리에 털 다섯 가닥이 있고 다른 쪽 옆구리에도 털 다섯 가닥이 있대. 거기로 가자!"

"그래. 좋아!"

다섯 여자는 출발했다. 아무르강 상류를 따라 한참을 가니 집 하나가 있었다. 집 앞에 말이 매여 있었다. 말의 한쪽 옆구리에 은색 털 다섯 가닥이 있었다. 다른 쪽 옆구리에는 금색 털 다섯 가닥이 있었다. 여자들은 말 가까이 다가가 살펴보았다. 그리고 금색 털 다섯 가닥을 뽑아 버렸다. 여자들은 각자 털 한 가닥씩을 잡고 물웅덩이 쪽으로 가서 근처 눈 속에 숨었다.

여자들이 그렇게 숨어 있을 때 형제 네 명이 집으로 들어갔다. 형제들이 집으로 들어갔고 제일 마지막에 있던 막내는 말이 있는 곳으로 가서 말을 살폈다. 막내는 금색 털 다섯 가닥이 없어진 것을 보았다. 막내가 형들을 불렀다.

"형들! 이리 와 봐. 말의 털이 없어졌어. 봐!"

형들이 일제히 문으로 얼굴을 내밀었다.

"어디로 갔겠어? 잘 찾아봐!"

그러자 막내가 말했다.

"빨리 이리 와. 배가 아파!"

막내는 신음 소리를 냈다. 막내가 다시 말했다.

"빨리 와. 죽을 것 같아! 빨리 와!"

그러자 형들이 달려왔다. 형들은 말을 살펴보았다. 막내가 말했다.

"털이 어디로 사라졌을까? 어떻게 생각해? 누가 뽑아 갔을까? 어떻게 생각해?"

형들이 말했다.

"몰라."

막내가 말했다.

"강 아래 여자 다섯 명이 사는데 큰언니가 모든 걸 교사한다고 들었어. 노인의 아들도 죽였대. 아마 우리도 그렇게 죽이려고 하는 것 아닐까?"

막내가 다시 말했다.

"여자들이 어디에 숨었다고 생각해?"

형들이 말했다.

"몰라."

막내가 말했다.

"자! 빨리 도망가. 각자 막대기를 하나씩 들어. 강가에 있는 웅덩이로 가자. 웅덩이 옆에 숨자!"

"그래. 좋아!"

남자들은 뛰어갔다.

남자들은 달려서 물웅덩이까지 왔다. 여자들은 남자들이 다가오자 뛰쳐나와 오솔길을 따라 자기 집으로 달렸다. 여자들이 뛰어갈 때 남자들 중 막내가 제일 나이가 많은 여자를 따라잡았다. 여자는 머리를 맞아 그 자리에서 죽었다. 그러자 큰형이 집으로 돌아갔다.

남자 네 명이 여자 네 명을 뒤쫓았다. 그들은 여자들을 한 명씩 붙잡았다. 제일 나이가 어린 남자는 제일 나이가 어린 여자를 붙잡았다. 남자들은 여자들을 집으로 데려왔다. 남자 네 명은 여자 네 명을 아내로 삼았다. 그들은 오랫동안 잘 살았다.

인간 창조에 관한 이야기

언제 신이 태어났는지 아무도 모른다. 다만 이 세상에 신이 있다는 것을 알 뿐이다. 신은 짐승들을 만들기 시작했다. 처음에는 야생 멧돼지를 만들었다. 그다음에 다른 짐승들을 만들었다. 그렇게 네발 달린 짐승들을 만들었다. 그다음에 날아다니는 새들을 만들었다. 다음에 물고기를 만들었다. 신은 물고기를 물속에 던졌다. 물고기는 물속에 가라앉지 않았다. 물고기를 다시 꺼냈다. 물고기 머리의 윗부분을 열고 머리에 돌을 집어넣었다. 그리고 다시 물속에 던졌다. 그렇게 하자 비로소 물고기는 진짜 물속에서 헤엄을 쳤다.

일을 다 마친 후 신은 집으로 돌아가서 생각했다.

'누구의 먹잇감을 위해 내가 이것들을 만들었지? 누구도 물고기와 새, 짐승을 먹지 않을 거야.'

신은 그렇게 이상적인 세상을 창조하기 위해 근심을 했다. 신은 이렇게 생각했다.

'인간을 만들 거야. 물고기와 짐승의 고기를 먹는 인간을 만들 거야. 짐승과 새, 물고기를 잡아먹는 인간을 만들 거야. 그래서 이 땅을 인간으로 채울 거야.'

신은 어디론가 떠났다. 그렇게 네발 달린 짐승을 만들고 개를 만들었다. 암캐도 만들었다. 모든 짐승들이 짝을 지을 수 있도록 암수 쌍으로 만들었다. 그리고 짐승들을 풀어 여기저기 다니게 했다. 땅이 비지 않고 꽉 찰 수 있도록 여기저기 옮겨 다니게 했다. 그다음에 인간을 만들기 시작했다. 먼저 여자를 만들고 나중에 남자를 만들었다. 인간을 만든 후 바닥에 놓았다. 인간들 가까이에 자신이 만든 개를 남겨 두었다.

"이 사람들을 잘 지켜. 아무도 사람들 곁에 오게 하면 안 돼."

신은 인간에게 필요한 숨을 가지러 갔다. 신이 자리를 비운 사이에 사악한 정령이 나타나서 개에게 말했다.

"봐! 내가 인간들이 숨을 쉬게 만들어 줄 거야. 신은 인간에게 줄 숨을 가지러 갔어. 그런데 그 숨을 가지고 오면 인간은 영원히 죽지 않게 될 거야. 그래서 이 땅이 인간으로 차고 넘치게 될 거야. 물고기도 짐승도 남아나지 못할 거야. 인간이 다 먹어 치울 테니까. 그래서 내가 인간에게 늙으면 죽게 되는 그런 숨을 만들어 줄 거야. 그러면 이 인간들 대신 다른 인간들이 자라게 될 거야."

사악한 정령은 개에게 제안을 했다.

"저 인간들에게 내가 다른 숨을 주도록 허용하면 너에게 절대로 없어지지 않는 털을 주어 보상할게."

개는 털가죽을 얻었다. 신이 돌아왔을 때 개는 이미 온몸에 털이 나 있었다. 인간들은 바닥을 걸어 다녔다. 신이 말했다.

"누가 인간들에게 숨을 넣어 주었지?"

개가 말했다.

"암반[7]이 그들이 숨을 쉬도록 만들었어요. 그리고 몇 년 후 저 인간들은 죽고 대신 다른 인간들이 남을 거라고 했어요. 만일 저 인간들이 죽지 않는다면 그 수가 지나치게 많아져서 이 땅이 꽉 찰 거라고 말했어요. 그러면 인간이 다 먹어 버려서 물고기와 새가 하나도 남지 않을 거라고 말했어요. 인간에게 숨을 넣게 해 주는 대가로 제게 영원한 털옷을 주었어요."

신은 개의 말을 듣고 나서 말했다.

"이 순간부터 너는 인간의 말을 이해하지 못하게 될 거다. 인간이 버린 쓰레기를 먹게 될 거다."

신은 너무 화가 나서 개에게 그렇게 말했다.

인간들은 잘 걸어 다녔다. 그리고 스스로 혼자서도 살게 되었다. 어느 날 신이 다시 땅에 나타나서 가까이에 있는 짐승과 개, 인간에게 말했다.

---

7) 암반 : 사악한 정령을 말한다.

"몇 명의 아이를 갖기를 원하니?"

토끼가 말했다.

"서넛이면 충분해요."

신은 개에게 물었다.

"몇 명의 아이를 원하니?"

"대여섯이면 충분해요."

신은 여자에게 물었다.

"너는 몇 명의 아이를 갖고 싶니?"

여자는 당황하며 수줍게 말했다.

"하나라도 주세요!"

여자는 창피해서 그렇게 하나라도 있게 해 달라고 말했다.

다시 신이 와서 멀리 있는 짐승과 가까이 있는 토끼와 나머지 짐승에게 말했다.

"앞으로 인간을 경계해라. 그들이 너희를 잡아먹을 거다."

신에게서 멀리 떨어진 시냇가에 앉아 있던 꿩은 시냇물 흐르는 소리 때문에 두 발 달린 인간을 경계하라는 신의 말을 듣지 못했다. 꿩이 다시 물었다.

"뭐라고 하셨어요? 안 들려요!"

신이 말했다.

"들리지 않았으면 됐어. 그냥 있어."

신은 떠났다.

신은 야생 사향노루를 만나서 말했다.

"만일 두 발 달린 인간을 보게 되면 조심해!"

사향노루가 대답했다.

"왜 제가 두 발 달린 인간을 두려워해야 하죠? 제게는 네 발이 있는걸요! 이 땅에 저보다 힘센 것은 없어요."

신이 말했다.

"너보다 힘센 것이 있어. 그게 두 발 달린 인간이야. 믿지 못하겠으면 여기 있어 봐. 내가 인간을 데리고 올게. 너는 인간을 가까이 오게 하지 마. 멀리서 그에 대해서 알도록 해."

인간에게 돌아온 신이 말했다.

"야생 사향노루가 기다리고 있는 곳으로 출발해. 나와 사향노루가 내기를 했어. 사향노루는 자신보다 힘센 것이 없다고 해서 아마 두 발 달린 인간이 힘이 더 셀 거라고 내가 말했어. 너는 사향노루를 죽이지 말고 등에 올라타. 노루 위에 앉아서 두 귀를 잡고 지칠 때까지 빙빙 돌아."

인간은 사향노루를 찾으러 출발했다. 한참을 가니 그 네 발 달린 짐승이 서 있는 것이 보였다.

'아마 신이 말한 바로 그 짐승인가 보다.'

인간은 몰래 다가가서 노루의 등에 올라탔다. 노루의 귀를 잡고 빙빙 돌았다. 인간은 노루가 기진맥진해질 때까지 노루를 괴롭혔다. 사향노루가 말했다.

"앞으로 네 기분을 상하게 하지 않을게. 신이 말한 게 사실이야. 두 발 달린 인간보다 더 강한 것은 없어."

그리고 사향노루는 급히 떠났다.

세 태양

옛날에 태양이 세 개 있었다. 힘이 센 장사 세 명이 서로 의논을 했다.

"만일 태양이 세 개가 되면 여기 사는 사람들이 모두 굶어 죽게 될 거야. 심지어 물고기도 물속에서 아무리 밖으로 튀어나오려고 해도 타 죽어서 뼈만 앙상하게 남을 거야."

그래서 힘센 장사 세 명은 다음과 같이 서로 의견을 모았다.

"달리 어떤 방법도 없어. 어떻게든 두 태양을 없애자. 가장 강력하고 밝게 빛나는 태양하고 가장 약하게 빛나는 태양을 없애자. 중간 정도로 빛나는 태양은 하늘을 따라 움직이게 놔두자."

세 장사는 출발했다. 그들은 처음에 지금 우리가 보는 그 태양을 없애기로 작정했다. 그러나 그 태양은 아주 이동이 빨랐다. 그 태양은 아주 빨리 이동했다. 그래서 장사들은 그 태양을 놓쳐 버렸다. 다음에 장사들은 가장 시뻘겋게 달아오른 태양을 없앴다. 세 장사는 가장 밝게 빛나는 태양 두 개를 없앤 것이다. 지금의 태양은 가장 약하게 빛나는 것이었다. 지금은 그 태양 세 개가 있던 장소만 남아 있다.

달과 소녀

한 소녀가 아버지와 계모, 이복 여동생과 함께 살았다. 계모는 자신이 낳지 않은 소녀를 몹시 괴롭혔다. 계모는 의붓딸을 마치 하녀처럼 일을 부려 먹었다. 소녀는 혼자서 물을 길어 오고 나무를 해 오고 그릇을 닦고 음식을 만들었다. 계모는 소녀에게 항상 욕을 했다. 무슨 일을 해도 항상 잘못했다고 했고, 아무리 열심히 일을 해도 칭찬하지 않았다. 소녀는 항상 너무 피곤했다. 밤마다 밖으로 나가 서럽게 울곤 했다. 겨울에는 운 다음에 눈으로 얼굴을 닦았고 여름에는 시냇물로 얼굴을 닦았다. 달이 그 모든 것을 보았다. 달은 소녀가 겨울에 우는 것도 보고 여름에 우는 것도 다 보았다. 어느 날 달이 아래로 내려왔다. 내려와서 소녀에게 다가갔다.

"네가 우는 것을 아주 여러 번 보았어. 너는 어째서 우는 거니? 나랑 저 위로 올라가지 않을래?"

소녀는 그 말을 듣자마자 바로 승낙했다.

"갈게요!"

그때부터 소녀는 달에서 살게 되었다. 그때부터 달을 바라보면 물통이 매달린 저울대를 든 여자아이의 모습이 보인다. 그리고 여자아이 곁에 강아지 한 마리가 있는 것이 보인다. 그래서 노인들이 말하곤 한다.

"어린 동생들을 절대 괴롭히지 말거라. 만일 동생들을 괴롭히면 달이 그 여자아이를 데려갔듯이 네 동생들을 데려갈 거다."

곰을 낳은 여자

한 청년이 결혼을 하고 싶어 했다. 그러나 청년의 아버지와 어머니는 청년이 결혼하는 것을 허락하지 않았다. 어느 날 여자들이 열매를 따러 배를 타고 갔다. 그런데 가장 나이 어린 처녀가 없어졌다. 다른 여자들은 열매를 다 따고 배에 돌아왔으나 처녀가 돌아오지 않았다. 여자들은 소리 높여 처녀의 이름을 불렀다. 그러나 아무 소용이 없었다. 여자들은 열매를 따던 곳으로 다시 가 보았다. 여기저기 돌아다니며 처녀의 이름을 아무리 불러도 아무 대답이 없었다. 여자들은 처녀를 이틀 동안 찾아다녔다. 그래도 소용이 없자 여자들은 집으로 돌아왔다. 여자들은 처녀가 사라진 것에 대해 남편들에게 말했고 남편들과 함께 다시 처녀를 찾으러 갔다. 한 청년이 그들과 동행했다. 사람들은 이틀 동안 처녀를 찾아다녔다. 여자들이 마침내 말했다.

"소용없어. 사라졌어!"

모두 집으로 돌아갔다.

곰이 처녀를 자신의 집으로 데려왔다. 처녀는 몇 번을 도망가려고 시도했다. 곰이 가까이에 없다고 생각하고 집을 나와 가려고 하면 어느 틈엔가 곰이 따라와 처녀를 붙잡아

발톱으로 부드럽게 할퀴었다. 심하게 할퀴지는 않았고 할퀸 자리를 핥아 주었다. 처녀는 수없이 그렇게 도망가려고 했으나 곰은 처녀를 놓아주지 않았다. 처녀는 어쩔 수 없이 상황을 받아들이고 곰과 함께 살 수밖에 없었다.

1년이 지난 후 청년은 처녀가 사라진 곳으로 사냥을 하러 갔다. 사냥하는 곳에서 갑자기 한 여자가 옷도 입지 않은 채 머리를 산발하고 다가오는 것이 보였다. 청년은 달아나려고 했다. 그런데 여자가 청년의 이름을 불렀다. 청년이 멈췄다. 여자가 말했다.

"무서워하지 마. 나야."

여자가 청년에게 다가왔다. 여자의 옆에는 새끼 곰 두 마리가 있었다. 청년은 활을 잡았다. 가까이에 어미 곰이 어슬렁거릴지 모른다고 생각했다. 그때 여자가 말했다.

"무서워하지 마. 이 곰들은 내 아이들이야."

청년은 옷을 벗어 여자에게 준 다음 여자를 배가 있는 곳으로 데리고 갔다. 청년은 여자를 부모님 집에 데려다주었다. 여자는 자신이 낳은 곰에 대해 부모님에게 이야기했다.

"저는 곰과 함께 살았어요. 곰은 사람처럼 저를 사랑해 주었어요. 저를 도와주고 고기를 먹이고 짐승을 사냥해 왔어요. 제가 아기를 낳을 때 사람처럼 도와주었어요. 아이가 나오자 핥았어요. 아이를 낳은 후 제가 일어나려고 하자 발로 밀어 눕혔어요. 어느 날 곰이 굴에 힘들게 겨우겨우 와서 사람처럼 신음했어요. 그리고 새끼들을 바라보면서 우는 것처럼 눈물을 흘렸어요. 그날 밤 곰은 죽었어요."

여자가 이야기를 마친 후 잠들자 여자의 부모님이 말했다.

"저 어린 곰들을 어떻게 하지? 죽입시다! 죽여야 해."

여자의 아버지와 어머니는 어린 곰들을 죽였다. 다음 날 아침 여자가 일어나 어머니에게 물었다.

"내 아이들을 어떻게 했어요?"

"우리가 죽였다!"

여자가 말했다.

"아이고! 아이고! 왜 그러셨어요? 살게 놔뒀어야 하는데!"

그때부터 여자는 침울해했고 자신이 낳은 곰을 잊지 못하고 항상 생각했다. 얼마 후 여자도 죽었다.

세한[8]에서 있었던 이야기

남자들에게 절대 가까이 가지 않는 처녀가 있었다. 처녀는 사람들은 물론 남자들과 말을 하지 않았다. 만일 처녀가 남자와 말을 한 번이라도 하면 다음 날 아침 그녀의 얼굴은 멍투성이가 되었다. 처녀가 남자와 말을 하면 호랑이가 질투를 해서 여자의 얼굴을 할퀴기 때문이었다.

어느 날 처녀가 예쁜 옷을 입고 밖으로 나가 강으로 가서 머리를 감았다. 강가에 낡은 배가 하나 있었다. 처녀는 배 뒤에 앉아 머리를 빗으며 말했다.

"내가 여기 앉아 있었다는 것을 기억해 주세요."

그날 밤 처녀는 사라졌다. 사람들이 찾아다녔지만 어디에도 없었다. 사람들은 한참을 찾다 마침내 포기했다. 그러나 처녀의 엄마는 울며 계속해서 찾아다녔다. 처녀는 외동딸이었다.

3년이 흘렀다. 엄마는 꿈속에서 처녀의 목소리를 들었다.

"엄마! 저 때문에 울지 마세요. 엄마에게 찾아갈 거예요. 맛있는 음식을 만들어 차려 놓으세요. 저녁에 불을 피우지

---

8) 세한 : 19세기 말에서 20세기 초에 암군에 있었던 부락이다.

말고 앉아 계세요. 아무 말도 하지 말고 움직이지 말고 앉아 계세요."

엄마는 음식을 장만했다. 엄마는 딸이 사라진 후 너무 울어 앞이 보이지 않게 되었다. 엄마는 음식을 우이추[9]에 차려 놓았다. 그리고 조용히 앉아 있었다. 조금 후 문이 열렸다. 사람이 들어오는 소리가 들렸다. 뒤를 따라 뭔가 털이 많은 물체가 들어오는 소리가 들렸다. 털이 많은 물체가 바닥에 앉는 것 같았다. 엄마는 조용히 앉아 있었다. 그때 집으로 들어온 사람이 엄마 옆에 앉아서 무언가를 엄마의 무릎으로 밀었다. 엄마가 만져 보니 아주 작은 것이었다. 옆에 앉은 사람은 그것을 다시 당겼다. 그리고 다시 엄마에게 또 하나를 밀었다. 엄마는 그것을 만져 보았다. 같은 것이었다. 집에 들어온 사람은 담뱃대를 엄마 손에 쥐여 주었다. 엄마는 담배를 피운 후 그것이 딸의 것이라는 것을 알아차렸다. 엄마는 담뱃대를 딸에게 다시 돌려주었다. 딸은 일어섰다. 집에 온 손님들은 우이추로 갔다. 숟가락과 그릇이 부딪치는 소리가 들렸다. 얼마 후 손님들은 밖으로 나갔다. 손님들이 나가자 딸의 가족들은 불을 피우고 음식이 담긴 그릇을

---

9) 우이추 : 네기달인의 옛날 가옥에 있는 낮은 판으로, 개를 묶어 놓고 밥을 주던 곳이다.

보러 갔다. 그릇의 음식들에 모두 손을 댄 흔적이 있었다. 비로소 가족들은 딸을 '우리 아버지'[10]가 끌고 갔다는 것을 알아차렸다. 호랑이가 처녀를 끌고 간 것이다.

---

10) 우리 아버지 : 네기달인이 부르는 호랑이의 명칭이다.

호랑이와 남자

한 남자가 아내와 함께 살았다. 남자는 아내를 욕하고 때렸다. 아내는 항상 슬펐다. 어느 날 아내가 물을 길으러 갔다. 물속에 비친 자신의 모습을 보았다.

'왜 남편은 나를 때릴까? 물속에 비친 내 모습을 보니 그렇게 흉하지 않은데.'

조금 후 여자는 누군가의 손이 어깨 위에 얹히는 것을 느꼈다. 자세히 보니 그것은 사람의 손이 아니라 짐승의 발이었다. 호랑이의 발이었다. 호랑이는 여자 옆에 엎드려 발로 자신의 등을 가리켰다. 여자가 등에 올라탔다. 호랑이는 일어나서 여자를 데리고 달렸다. 남편이 집에 돌아와 보니 아내가 없었다. 남편은 강가로 내려갔다. 아내가 가지고 갔던 양동이만 있고 아내는 없었다. 남편은 호랑이가 아내를 데려갔다고 생각했다. 남편은 성을 내며 욕을 했다.

"만나기만 해 봐. 죽여 버릴 거야."

호랑이는 남편의 말을 듣기라도 한 듯 여자를 등에 태우고 남편이 있는 곳으로 왔다. 호랑이를 본 남편은 몹시 놀랐다. 손을 떨며 벙어리가 된 듯 아무 말도 못 했다. 그 모습을 본 호랑이는 조용히 떠났다. 남편과 호랑이는 그 이후로도 몇 번 마주쳤다. 남편은 호랑이가 나타났던 그 길로 더 이상 다니지 않았다. 즉 남편은 호랑이의 힘을 인정했다.

청년과 골뱅이 아내

두 형제가 살았다. 형은 물고기를 잡으러 갔다가 물에 빠졌다. 동생이 형을 찾으러 다녔지만 어디에도 형은 없었다. 동생은 파도가 밀려온 곳을 따라다니며 생각했다.

'아마 파도에 휩쓸려 왔을지 몰라.'

동생은 앞으로 계속 걸어갔다. 강가 가장자리에 큰 골뱅이들이 보였다. 동생은 골뱅이 한 마리를 이리저리 둘러보고 나서 집었다. 마치 여자랑 자듯 골뱅이와 같이 잤다. 그런 다음에 동생은 원래 있던 자리에 골뱅이를 다시 가져다 놓았다. 동생은 다시 길을 갔다. 아주 좋은 깨끗한 모래가 있었다. 모래 있는 데까지 가서 모래 위를 걸어 다녔다. 모래 위에 사람의 발자국이 많이 있었다. 배가 정박하는 곳이 분명했다. 모래 위에는 사람들이 시합을 한 자국이 보였다. 동생은 버들가지 있는 곳으로 가서 좋은 버들가지 하나를 잘랐다. 동생은 버들가지 껍질을 벗겼다. 동생은 모래를 파야겠다고 생각했다. 동생은 큰 구덩이를 판 다음에 구덩이에서 잠이 들었다. 동생은 잠에서 깬 후 버들가지 껍질로 만든 큰 통을 눈에 가까이 붙이고 자신의 몸에 모래를 끼얹었다. 동생은 모래 속에 파묻혀서 보이지 않았다. 고래들이 헤엄쳐 왔다. 고래 등에서 지느러미 칼들이 빛났다. 고래들은 자신들의 정박지에 와서 멈췄다. 아가리에서 사람들이 뛰쳐 나왔다. 그들 중에는 젊은이들도 있고 나이가 좀 든 남자들도 있었다. 남자들은 서로 시합을 하기 시작했다. 시합을 하는 사람들 중 형의 모습이 눈에 띄었다. 동생은 형을 주시했다. 조금 후 동생은 구덩이에서 나와 남자들 앞에 우뚝 섰다. 남자들은 동생을 보고 자신들의 고래 허물을 향해 돌진했다. 고래들은 모두 멀리 달아났으나 한 마리 고래만 떠나지 않고 해안을 맴돌았다. 동생이 가까이 다가가서 보니 지느러미 칼이 육지에 놓여 있었다. 동생은 그 칼을 집고 자신의 칼을 물속에 던졌다. 그래도 역시 고래는 돌아가지 않았다. 그러자 동생은 버드나무 가지를 집어 지느러미 칼과 똑같은 것을 만들어 물속에 던졌다. 그 칼은 풍덩 소리를 내며 물속에 가라앉았다. 그러자 고래는 바다로 돌아갔다. 형은 자신의 칼을 잃어버렸기 때문에 바다로 돌아가지 못했던 것이다. 그때부터 동생은 형에 대해 슬퍼하지 않았고 찾지도 않았다.

동생은 집으로 돌아가는 길에 다시 골뱅이가 있던 곳으로 갔다. 골뱅이는 전에 있던 자리에 없었다. 동생은 집으로 왔다. 반년 후 동생은 다시 바닷가로 갔다. 예전에 골뱅이가 있던 곳으로 가서 해안가를 걸어 다니기 시작했다. 남자아이가 서 있었다. 동생은 아이를 집으로 데리고 가서 키웠다. 동생은 그 아이가 골뱅이에게서 태어난 자신의 아들이라는 것을 꿈을 통해 확신하게 되었다. 동생은 누구와도 결혼하지 않았다. 아내가 물속에 살고 있기 때문에 여자들과 놀지도 않았다. 매일 밤마다 골뱅이는 물속에서 나와 동생에게 오곤 했다. 동생은 바닷가에 집을 짓고 살았다. 아들은 자라 사냥꾼이 되어 타이가를 돌아다녔다. 동생은 병에 걸려 죽었다. 동생이 죽고 난 후 마을 사람들은 매일 저녁 물속에서 여자 울음소리가 난다고 말했다. 동생의 아들은 아마도 그렇게 계속 살았을 거다.

탑칼 씨족과 힘구

옛날 옛적에 사람들이 살던 곳에 아주 큰 마을이 하나 있었다. 그 마을에 시집갈 나이가 된 한 처녀가 있었다. 사람들은 처녀를 곡물 창고에 숨겨 놓았다. 어느 날 처녀는 창고 안에서 무언가 심상치 않은 소리를 들었다. 사악한 정령, 이제껏 본 적이 없는 큰 새가 나타났다. 사악한 정령은 조그마한 낙엽송에 앉고 싶었으나 나무가 휘어졌기 때문에 크고 굵은 나무 위에 앉았다. 마을 사람들은 노인과 아이 할 것 없이 모두 그 새를 보기 위해 집에서 뛰쳐나왔다. 모두 쓰러졌다. 모두 죽었다. 마을 사람들은 모두 죽었다. 창고에 있던 처녀는 도대체 밖에서 무슨 일이 일어난 건지 귀를 기울였다. 노인들의 목소리도 아이들의 목소리도 들리지 않았다. 나무를 찍는 도끼 소리도 들리지 않았다. 처녀는 도대체 무슨 일이 일어난 건지 곰곰 생각해 보았다. 사악한 정령인 새의 소리가 들렸다. 그리고 새가 나무에 앉는 소리가 들렸다. 소리는 들렸지만 새의 모습은 보이지 않았다. 처녀는 생각했다.

'나가서 봐야겠어. 무엇 때문에 마을 사람들이 사라져 버린 거지?'

처녀는 오래 고민하다 창고의 문을 아주 천천히 조금 열고 밖으로 나왔다. 강가로 내려가 새가, 그 무언가가 내려온 마을 끝 쪽으로 다가갔다. 마을 사람들은 하나도 남지 않고 다 죽어 있었다. 한 사람도 남지 않았다. 아버지와 어머니, 친척들의 모습도 보였다. 그러나 다 죽어 있었다. 처녀는 울기 시작했다. 너무 울어서 목이 완전히 쉬어 목소리가 나오지 않자 처녀는 나무로 바르간[11]을 만들어 낮이고 밤이고 불었다. 처녀는 무서워서 자신의 집에 가 보지 못했다. 밖으로 나오려고 했던 사람들이 집 문턱에 쓰러져 죽어 있었다. 처녀는 안으로 들어가 보고 싶었지만 무서웠다. 얼마의 시간이 흐른 후 처녀는 꿈을 꾸었는데 꿈속에서 한 남자가 나타나서 말했다.

"됐어. 그만 울어. 아버지와 어머니, 친척들을 데려갈게."

처녀는 밖으로 나가 집이 있는 쪽으로 가서 보니 시체가 하나도 없이 다 사라져 버렸다. 처녀는 과연 꿈이 맞을까라고 생각했다. 그날 밤 이후 처녀는 자신이 남자와 함께 있는 꿈을 꾸었다. 아침에 일어나 보면 아무도 없었다. 그렇게 처녀는 계속 꿈을 꾸었다. 밤만 되면 남자가 그녀에게 오는 것을 느꼈다. 아침에 집에서 나가 헛간에 가니 살아 있는 물고

---

11) 바르간 : 입에 물고 부는 민속 악기다.

기가 팔딱거리고 있었다. 처녀는 물고기를 끓여서 먹었다. 처녀가 고기가 먹고 싶어서 아침에 나가 보면 헛간에 고기가 놓여 있었다. 처녀는 이제 두려움이 가셨다. 처녀는 낮에는 이런 생각을 했다.

'빨리 밤이 와서 남자를 만났으면 좋겠다.'

처녀는 아들 일곱 명을 낳았다. 아이들은 성인이 되어 사냥을 다니기 시작했다. 그때 남자가 여자에게 말했다.

"자! 이제 나는 늙어서 곧 죽게 될 거야. 내가 죽고 나면 내 한쪽 눈을 가져가."

마침내 힘구[12]는 죽었다. 여자는 그의 한쪽 눈을 가져갔다. 밤이 되자 남자의 눈은 마치 등잔 같아졌다. 여자는 생각했다.

'남자가 죽었으니 여기에서 앞으로 어떻게 살지?'

여자 역시 늙어 가기 시작했다. 여자는 생각에 잠겼다.

'만일 여기에서 이렇게 산다면 내 아이들 역시 다른 사람들을 보지 못한 채 이 땅에서 살게 될 거야. 안 돼! 내 아이들의 목소리를 듣고 사람을 죽이는 사악한 정령이 다시 올 거야. 우리 마을은 다시 수수[13]가 될 거야. 어떻게 내 아이들

---

12) 힘구 : 외딴 호수에 사는 신화 속 존재. 네기달인들은 아주 큰 메기와 비슷하게 생겼다고 생각한다.

을 그런 땅에 살도록 한단 말인가?'

가을이 되자 눈이 조금씩 오기 시작했다. 눈이 쌓여 손으로 끄는 썰매를 끌 수 있었다. 여자가 아이들에게 말했다.

"다른 곳으로 가는 게 좋겠다. 아버지도 없고, 사람들이 살지 않는 이곳에서 어떻게 살겠니? 어디로든 사람들이 있는 곳으로 가자."

여자와 아이들은 길을 떠났다. 썰매를 끌었다. 여자가 말했다.

"산줄기를 넘자. 그러면 어디든 나올 거야."

그들은 사흘 동안 걸었다. 여자가 갑자기 생각난 것이 있었다.

"아! 너희 중 누군가 아버지 눈을 가져왔지? 안 돼. 아무도 가져오지 않았어. 선반에 놓고 왔어."

여자가 다시 말했다.

"어떡해! 어떡해! 네 아버지 눈 없이는 살고 싶지 않아! 어두워! 아버지 눈을 가지러 갔다 오렴. 발자국을 따라 다시 이리 돌아오너라."

세 아들이 떠났던 집으로 다시 갔다. 그들은 집에서 하룻

---

13) 수수 : 사악한 정령의 습격으로 사람들이 다 죽어 버린 마을을 말한다.

밤을 잤다. 그날 밤 엄청나게 눈이 많이 내렸다. 발자국이 눈에 다 파묻혀 버렸다. 세 아들은 밖으로 나와 주위를 보았다. 어머니가 있는 곳으로 갈 수 없다는 것을 깨달았다. 그래서 세 아들은 그냥 집에 머물러 살게 되었다. 네 아들은 어머니와 함께 첼리하[14]에 다다랐다. 그들은 거기에서 쭉 살게 되었고 탑칼 씨족이 생겨났다. 결국 탑칼 씨족은 힘구에서 비롯한 것이다. 집으로 돌아갔던 세 아들은 게인강[15]에서 살게 되었고 나나이족으로, 혹은 오로크족으로 되었다.

---

14) 첼리하 : 아무르 하류에 있는 마을. 네기달어 지명. 러시아 지도에는 '달자'라고 표기되어 있다.

15) 게인강 : 아무르 왼쪽 지류인 고르니강을 말한다.

힘구의 거처

옛날 네기달인들은 암군과 축차기르 호수를 연결하는 올추간강으로 흐르는 작은 지류인 쿠쿨냐 호수를 '힘구의 거처'라고 불렀다. 아주 옛날 암군 상류의 습지 한가운데에 있는 그 호수에서 한 남자가 힘구를 죽였다.

어느 날 한 남자가 아들과 함께 자작나무 껍질을 벗기고 있었다. 아버지는 나무껍질을 벗기러 갔고 아들은 호숫가에 혼자 남아 있었다. 아버지는 껍질을 다 벗긴 후 아들이 오기를 오랫동안 기다렸다. 그러나 호숫가에 있던 아들은 오지 않았다. 아버지는 호수로 갔다. 호수에 가서 보니 아들은 없고 아들의 옷만 호숫가에 놓여 있었다. 아버지는 다시 돌아가 나무껍질을 가지고 호수로 와서 자신이 벗긴 자작나무 껍질을 물에 던졌다. 그러자 바로 누군가가 자작나무 껍질을 삼켜 버렸다. 아버지는 가지고 온 자작나무 껍질을 다 물에 던졌다. 누군가가 모두 삼켜 버렸다. 아버지는 다시 숲으로 뛰어가 자작나무 껍질을 차례로 벗기기 시작했다. 아버지는 자작나무 껍질을 다 벗긴 후 모아서 둘둘 말아 호수로 가져왔다. 호수로 온 아버지는 자작나무 껍질을 물에 던지기 시작했다. 누군가가 껍질을 삼켰다. 나무껍질이 다 떨어지자 물속에서 배가 아주 불룩한 힘구가 나타났다. 힘구가 나타나자 아버지는 자작나무 껍질을 벗기는 긴 칼로 힘구를 찔러 죽였다. 아버지는 힘구의 불룩한 배를 갈랐다. 거기에 아들이 있었다. 그 후 사람들은 그 호수를 힘구가 살았던 곳으로 불렀다. 그리고 다른 호수들도 다른 힘구가 사는 곳이라고 불렀다. 사람들은 아직도 힘구가 호수에 산다고 믿는다.

날아가 버린 아이

남자아이 콘가르둑칸이 엄마와 함께 타이가에 있는 헛간으로 갔다. 엄마는 헛간으로 가서 식량을 가지러 기어 올라갔다. 콘가르둑칸은 엄마 뒤를 따라갔다. 엄마가 말린 생선을 집자 아이가 말했다.

"엄마, 생선 좀 줘!"

엄마가 말했다.

"집에 가서 먹어!"

엄마는 생선을 집어서 집으로 가져가기 위해 자루에 넣었다.

아이가 말했다.

"엄마, 생선 좀 줘!"

엄마가 다시 말했다.

"집에 가서 먹어!"

엄마는 생선 껍질에서 나온 기름을 통에 부었다.

"엄마, 기름을 좀 줘!"

"집에 가서 먹어!"

엄마가 다른 식량을 들고 나올 때 아이는 속이 상해 울며 헛간을 나섰다. 그렇게 아이는 헛간을 나왔다. 아이는 집으로 가지 않고 호수로 갔다. 소년은 땅과 호수의 경계에 서서 울었다. 오리들이 소년 옆을 빙 둘러싸고 돌았다. 한 오리가 말했다.

"왜 울어, 콘가르둑칸?"

"엄마가 나에게 생선과 생선 기름을 주지 않아. 내가 아무리 달라고 해도 주지 않아. 만일 나에게도 너희와 같은 다리가 있다면, 내 팔이 너희의 날개와 같다면 너희와 함께 떠날 텐데."

"안 될 게 뭐가 있어? 내가 네게 오리의 발과 날개를 줄게. 우리와 함께 날아가자!"

오리가 콘가르둑칸의 주위를 빙빙 돌기 시작했다. 콘가르둑칸의 다리는 오리의 발이 되었고 팔은 오리의 날개가 되었다. 오리가 말했다.

"자, 날아가자!"

엄마는 집으로 돌아왔다. 아들은 어디에도 없었다. 다락방에도 가 봤지만 없었다.

"아들아! 콘가르두[16)]! 어디에 있는 거니?"

얼마 후 엄마의 머리 위에서 아들의 목소리가 들렸다.

"엄마! 엄마!"

---

16) 콘가르두 : '콘가르둑칸'의 애칭이다.

엄마는 위를 쳐다보았다. 콘가르둑칸이 위에서 날고 있었다. 오리 발과 오리의 날개, 오리 부리를 달고 있었다.

"아들아! 돌아와! 집으로 돌아와! 여기 있어. 엄마 젖을 먹으렴!"

콘가르둑칸이 대답했다.

"싫어. 싫어. 엄마! 내 다리는 오리의 발이 되었어. 내 팔은 오리 날개가 되었어. 나는 오리들과 날아갈 거야!"

그렇게 콘가르둑칸은 오리들과 함께 날아가 버렸다.

고아와 개

한 남자가 살았다. 그는 아무도 없는 고아였다. 그에게는 암캐가 한 마리 있었다. 남자는 너무 가난했고 먹을 것이 하나도 없었다. 어느 날 개는 사라져 버렸다. 한참 후에 개가 돌아왔는데 어디에서 무엇을 먹었는지 배가 아주 빵빵해져서 돌아왔다. 한번은 개가 어디에선가 긴 막대기에 꽂힌 곰팡이 핀 생선을 물고 왔다. 그러자 남자는 개를 뒤쫓기로 했다. 개가 어디로 가는지 뒤를 쫓았다. 개는 어디론가 계속 갔다. 남자는 개 뒤를 쫓았다. 개는 어떤 구멍 속으로 들어갔다. 개는 어디론가 사라졌다. 남자도 개가 들어간 구멍으로 들어갔다. 깜깜했다. 땅속인 것 같았다. 남자는 계속 걸어갔다. 마침내 밝은 곳이 나왔다. 일반적인 오솔길이었다. 거기 생선을 말리는 덕대에 아주 많은 생선이 걸려 있었다. 불이 환하게 밝혀져 있었다. 불 주위의 긴 막대 위에서 생선이 말려지고 있었다. 사람들이 여기저기 다니며 서로 이야기를 하고 있었다. 그 누구도 남자에게 눈길을 주지 않았고 말을 걸지 않았다. 남자는 생선이 꿰인 막대기를 집었다. 살펴보니 남자의 개도 생선을 먹고 있었다. 조금 후 개는 왔던 길로 다시 돌아갔다. 남자도 개의 뒤를 따라 다시 돌아 나왔다. 집으로 돌아갈 때 남자는 허리띠를 풀어 끝에 개를 묶고 다른 끝에는 자신을 묶었다. 개 뒤를 따라서 어두운 곳까지 왔다. 어둠을 헤치고 계속 걸어서 들어왔던 구멍을 빠져나왔다. 남자는 막대에 끼운 말린 생선을 보았다. 생선은 모두 곰팡이가 피어 있었다. 그때부터 남자는 저승에 사람들이 있다는 사실을 믿게 되었다.

지하 세계 이야기

한 마을에 두 가족이 살았다. 두 가족은 아주 가깝게 지냈다. 한 집에 여섯 살짜리 아들이 있었다. 아이의 아버지는 토끼를 죽였다. 저녁에 식구들이 토끼를 잘라서 끓였다. 엄마가 토끼 고기를 꺼내 사발에 담았다. 아들이 말했다.

"그 고기 조각을 줘!"

엄마는 아들이 달라고 한 고기 조각을 주지 않았다. 그러자 아이는 기분이 상해 아무것도 먹지 않았다.

엄마는 화가 나서 절대로 아이의 이름을 저녁에 밖에 대고 부르면 안 되는 금기를 깨고 아들의 이름을 대며 아이가 먹지 않았다고 말하며 토끼 고기를 가져다 달라고 말했다.

그러자 누군가가 문을 열고 문 앞에 김이 나는 고기를 가져다 놓았다. 엄마가 말했다.

"고기를 가지고 가서 먹어. 이웃분들이 가지고 온 거야."

아이는 고기를 가지러 가고 싶지 않았다. 아이가 말했다.

"싫어. 무서워."

엄마가 다시 말했다.

"가. 가서 가져와."

아이는 일어나서 나갔다. 아이가 고기가 든 그릇을 집으려고 하자마자 누군가 아이를 끌어당겼다. 아이는 울음을 터뜨렸다. 아버지가 아들을 데리러 밖으로 나왔다. 아들의 울음소리만 들렸다. 아버지는 울음소리를 따라갔다. 커다란 구멍 앞에서 아들의 울음소리가 사라졌다. 아버지는 다시 집으로 돌아갔다. 다음 날 아버지는 20미터나 되는 긴 올가미를 가지고 구멍으로 갔다. 올가미의 끝에 돌을 묶어 구멍 속으로 던졌다. 올가미는 구멍 바닥까지 닿지 않았다. 그러자 아버지는 여러 곳에서 나무들을 가지고 와서 구멍을 덮었다. 그런 다음 사시나무 껍질을 벗겨서 구멍을 덮었다. 아버지는 구멍을 덮으며 말했다.

"내 아들이 사라진 이후 이 나무들과 나무껍질들이 썩기 전까지 사람들이 죽지 않게 될 것이다."

아버지는 그렇게 지하 세계를 덮어 버렸다.

소그됴콘

아주 오래전에 축차기르 호수에 네기달인들이 많이 살았다. 네기달인들은 아이아 게기에도 살았다. 이웃 몇 명이 이동식 천막집에 살았다. 그들 중에 위대한 여자 샤먼이 있었다. 어느 날 소그됴콘이란 이름의 남자가 암군에서 왔다. 소그됴콘은 이 집 저 집을 놀러 돌아다녔다. 소그됴콘이 어느 한 집에 놀러 가서 주인과 이런저런 이야기를 하다가 묻기 시작했다.

"당신들은 이웃들과 싸우세요?"

그 집 사람들이 말했다.

"왜요? 우리는 이웃과 싸우지 않아요. 우리는 뭐든지 먹을 것이 생기면 서로 같이 나누죠."

소그됴콘이 말했다.

"그런데 왜 당신 이웃들이 무기를 만들고 있죠? 당신들에게 몹시 화가 나서 전쟁을 하려고 한다고 말하던데요."

그 집 사람들은 몹시 놀랐다. 그것을 본 소그됴콘이 말했다.

"잘 들어 보세요. 두드리는 소리 들리죠? 당신들과 싸우려고 화살과 창을 만들려고 쇠를 벼리는 소리예요."

실제로 이웃집으로부터 무언가를 두드리는 소리가 났다. 소그됴콘은 그 집을 나와 다시 다음 집으로 갔다. 다음 집에 가서도 아까와 똑같은 이야기를 했다.

"당신 이웃이 당신들과 전쟁을 하려고 무기를 만들기 시작했어요."

소그됴콘은 집집마다 돌아다니며 똑같은 말을 했다. 그러자 모든 집에서 두드리는 소리가 났다. 사람들은 모두 싸우기 위해 자신이 사용할 무기를 만들기 시작했다. 소그됴콘이 마지막 집에 이르렀을 때는 이미 불길이 타올랐다. 전쟁이 시작되었다. 사람들은 서로를 죽이기 시작했다. 큰 전투가 시작되었다. 여자 샤먼이 샤먼 옷을 입고 북을 들었다. 샤먼이 굿을 하기 시작했다. 동족끼리의 싸움을 멈추게 하려고 굿을 하며 사람들에게 애원했다. 그러나 전투는 끝나지 않았고 점점 더 격렬해졌다. 마침내 여자 샤먼은 굿을 할 때 입은 옷차림 그대로 물속으로 뛰어들었다.

소그됴콘은 가까스로 전투를 피해 달아났다. 그러나 소그됴콘은 전사들이 쏜 화살과 창에 살짝 맞았다. 소그됴콘은 높은 산으로 올라가 사람들의 전투를 지켜보았다. 그가 앉아 있을 때 상처에서 피가 흘렀다. 지금 호수에서 바라보면 가파른 바위 위에서 마치 붉은 핏방울이 떨어지는 것 같다. 그것은 먼 옛날 거기에 앉았던 소그됴콘이 흘린 피라고

전해진다.[17)]

전투가 한창일 때 오두간[18)], 축차기르 호수의 익친[19)]이 나타났다. 오랜 시간이 흐른 후 사람들 사이에서는 축차기르 호수에서 북소리와 샤먼의 목소리가 들린다는 전설이 생기게 되었다. 만일 그런 소리가 들리면 그것은 축자기르 호수의 익친의 목소리라고 말한다. 그래서 사람들은 축차기르 호수를 건널 때 여러 가지 음식을 호수에 던진다.

전투가 끝났다. 저녁에 소그됴콘은 호숫가로 내려가서 암군으로 돌아가기 위해 배를 타고 갔다. 탑키트, 예이티크, 올리킷칸을 거쳐 암군 쪽으로 나가 암군을 따라 배를 타고 갔다. 소그됴콘은 섬의 아래쪽 맞은편에서 하룻밤을 지냈다. 잠을 자고 있을 때 한밤중에 두 남자가 물고기를 잡으며 소그됴콘의 배 옆을 지나가고 있었다. 한 남자가 말했다.

"불쌍한 소그됴콘! 좀 늦었어! 아마 축차길 성씨 사람들에게 죽임을 당했을 거야!"

---

17) 네기달어로 '소그됴콘의 곶'이라고 불린다.

18) 오두간 : 네기달어로 여자 샤먼을 뜻한다.

19) 익친 : 자연 현상과 인간들의 삶에 영향력을 갖는 주인신이자 정령으로 네기달인들은 익친과 호수의 여자 정령을 동일한 존재로 여긴다.

다른 남자가 말했다.

"무슨 소리! 소그됴콘이 그렇게 쉽게 죽을 리가 없어!"

두 번째 남자의 말을 듣고 나서 소그됴콘은 자신에 대해 좋게 말한 사람을 화살을 쏘아 죽였다. 소그됴콘은 거짓말쟁이였고 아무 이유 없이 사람들을 죽였다. 사람들 중 가장 나빴다.

푸딘[20]과 개구리

강어귀에 집 두 채가 있었다. 한 집에는 푸딘과 개구리가 살았고 다른 집에는 쥐가 아이들을 데리고 살았다. 어느 날 쥐들이 배를 타고 버찌를 따러 출발했다. 쥐들이 개구리에게 말했다.

"개구리야, 우리랑 같이 버찌 따러 가자. 열매를 따서 네 누나에게 먹여."

그때 푸딘은 몸이 아팠다. 개구리는 기뻐하며 열매를 담을 그릇을 들고 쥐들과 함께 열매를 따러 출발했다. 개구리는 노를 젓기 시작했다. 즐겁게 강을 따라 내려갔다. 황철나무 숲과 자작나무 숲에 다다랐다.

"삐걱삐걱! 철썩철썩! 우리는 열매 따러 간다."

마침내 벚나무가 있는 곳에 도착했다. 나무에는 열매가 아주 많이 달려 있었다. 개구리는 열매를 담을 자작나무로 만든 통과 상자를 등에 지고 나무로 갔다. 쥐들도 배에서 팔짝 뛰어내려 사방으로 흩어졌다. 나무로 올라가서 열매를 즐겁게 따서 먹었다. 개구리는 나무 아래에서 쥐들이 열매

---

20) 푸딘 : 민담에 나타나는 여자 등장인물이다.

를 던져 주기를 기다렸다. 그러나 쥐들은 개구리에게 열매를 하나도 던져 주지 않았다. 개구리가 밑에서 간청했다.

"나에게도 좀 던져."

쥐들은 못 들은 척하고 열매를 던지지 않았다. 개구리는 계속 부탁했다. 그러자 겨우 잘 익은 열매 한 개와 익지 않은 열매 한 개를 던졌다. 개구리는 익지 않은 것은 삼키고 잘 익은 것은 누나를 위해 가져가려고 통에 넣었다. 쥐들은 열매를 많이 따고 실컷 먹은 후 집으로 향했다. 개구리는 눈물을 흘리며 텅 빈 통과 열매 한 개만 달랑 든 상자를 들고 집으로 갔다. 배를 타고 갈 때 쥐들은 개구리의 배를 누르고 발로 개구리의 배를 밟았다. 개구리는 삼킨 열매를 게워 냈다.

개구리는 집에 돌아와서 가지고 온 열매를 아픈 누나에게 주었다. 누나는 상황을 모른 채 개구리를 나무랐다.

"쥐들은 열매를 많이 땄는데 너는 이리저리 뛰어만 나녔지?"

개구리가 말했다.

"아니야. 뛰어다니지 않았어. 나는 나무에 올라갈 수 없잖아. 쥐들이 내게 열매를 던져 주지 않았어."

개구리의 말을 들은 누나가 말했다.

"살아 있는 한 쥐들이 한 행동을 잊지 마."

얼마 후 개구리가 밖으로 나갔다. 집 뒤에 웬 거대한 암

사슴 한 마리가 서 있는 것이 보였다. 개구리가 사슴에게 말했다.

“사슴아, 달리기 시합하자!”

사슴이 말했다.

“너처럼 작은 게 어떻게 나와 시합을 한다고 그래?”

개구리가 말했다.

“괜찮아! 괜찮아! 두려워하지 마. 시합하자!”

“그래. 시합하자!”

사슴은 달렸다. 개구리는 사슴의 이마로 뛰어올라 이마에 철썩 달라붙었다. 사슴은 계속 달렸다. 사슴이 잠깐 숨을 돌리려고 멈췄다.

“개구리야! 어디 있어?”

개구리는 사슴 앞에서 소리를 냈다.

“나 여기 있어!”

사슴은 놀랐다.

‘어떻게 개구리가 나를 추월했지?’

사슴은 다시 달리기 시작했다.

‘이제 저 개구리를 앞질러 밟아 줄 테다.’

사슴은 계속 달리다 지쳤다. 잠시 숨을 돌리려고 멈췄다.

“개구리야! 너 어디야?”

개구리는 사슴의 이마에서 뛰어내려 사슴이 서 있는 바

로 앞에 서서 말했다.

"나 여기 있어!"

순간 사슴은 놀랐다.

'어떻게 저 개구리가 나를 앞질렀지?'

사슴은 다시 빨리 달렸다. 계속 달리다 지쳐 잠시 숨을 돌리려고 멈췄다. 그때 개구리는 사슴의 이마에서 뛰어내려 앞에 섰다. 사슴이 물었다.

"개구리야! 너 어디 있어?"

"나 여기 있어. 네 앞에!"

사슴은 개구리에게 화가 났다.

'어떻게 개구리가 나를 쉽게 앞지른담?'

사슴은 다시 달렸다. 이제 사슴의 입에서는 거품이 나왔다. 피가 섞인 거품이 나오기 시작했다. 사슴은 개구리 집 가까이까지 달렸다. 사슴은 피를 토하기 시작했다. 마침내 사슴이 쓰러졌다. 사슴은 개구리 집 근처에서 죽었다.

개구리는 사슴 이마에서 뛰어내려 자기 집으로 돌아왔다. 개구리는 누나에게 기쁜 목소리로 말했다.

"내가 사슴을 잡았어. 칼을 갈아 가죽을 벗기고 내장을 들어내자."

푸딘이 개구리를 나무랐다.

"거짓말하지 마! 어떻게 네가 사슴을 잡니? 나는 아파서 고통스러운데 맛있는 것을 먹을 수 있다는 가당치 않은 희망으로 너는 나를 더 고통스럽게 하는구나."

개구리가 말했다.

"누나! 누나! 거짓말이 아니야. 내가 정말 사슴을 잡았어."

누나는 자신의 칼을 간 다음 사슴이 쓰러져 있다는 숲으로 갔다. 진짜 사슴이 누워 있었다. 푸딘은 개구리에게 입을 맞추었다. 푸딘과 개구리는 사슴의 가죽을 벗기고 내장을 꺼낸 후 고기를 집으로 가지고 왔다. 사슴은 아주 통통해서 비계가 아주 많았다. 개구리는 고기를 집으로 가지고 와서 음식을 만들었다. 쥐들은 푸딘과 개구리가 고기를 끌고 오는 것을 눈여겨봤다. 저녁이 되자 쥐가 개구리 집에 나타나 말했다.

"엄마가 비계를 좀 얻어 오라고 했어요."

화가 난 푸딘은 모닥불 위에 솥을 매다는 막대기로 쥐를 때렸으나 빗맞았다. 쥐는 집으로 달아났다. 엄마 쥐가 말했다.

"밤이 되면 고기와 비계를 훔치러 가자!"

푸딘과 개구리는 잠이 들었다가 쥐들의 찍찍거리는 소리에 깼다. 푸딘이 일어나서 불을 켜고 쥐덫을 만들어 고깃덩어리 사이에 설치했다. 모두 잠들어 있을 때 쥐덫이 작동했다. 쥐 한 마리가 걸려들어 찍찍거렸다. 푸딘이 벌떡 일어나

가죽을 벗길 때 쓰는 돌로 만든 칼을 들고 쥐덫으로 달려갔다. 쥐덫에 가까이 가자마자 덫에 걸린 쥐가 달아나 버렸다. 다음 날 아침 또 쥐가 개구리 집에 와서 말했다.

"엄마가 심한 병에 걸렸어요. 불에게 재물로 바치게 비계를 좀 주세요."

푸딘은 화가 나서 막대기로 쥐를 때렸으나 빗맞았다. 쥐들은 엄마의 병을 낫게 하려고 족제비 샤먼을 집으로 불렀다. 샤먼은 집에 와서 굿을 한 다음 말했다.

"쥐들의 엄마가 도둑질을 했고 쥐덫에 걸렸어."

쥐들의 엄마는 악에 받쳐 소리 지르기 시작했다.

"아이고! 아이고! 그를 쫓아 버려. 나쁜 샤먼이야!"

쥐들은 족제비 샤먼을 쫓아냈다. 족제비는 화가 나 쥐들을 모두 질식시켜 죽였다. 그 후 푸딘과 개구리는 둘이 살게 되었다. 사슴 이마에 움푹 들어간 곳과 불룩 나온 곳이 있다. 개구리가 사슴과 달리기를 할 때 개구리가 사슴 이마에 들러붙어 생긴 것이라는 전설이 그때부터 생겼다.

날다람쥐

날다람쥐 한 마리가 나무 위 둥지에서 새끼 네 마리와 살고 있었다. 새끼들은 나무 구멍 속에서 잘 자라고 있었다. 어느 날 여우가 날다람쥐에게 와서 말했다.

"날다람쥐야! 새끼를 내게 줘! 만일 주지 않으면 알아서 해!"

날다람쥐가 말했다.

"어떻게 아이를 너에게 줘?"

"만일 아이를 주지 않으면 네가 사는 나무를 넘어뜨려 너와 네 새끼들을 다 먹어 버릴 거야!"

날다람쥐는 나무 구멍 속에 살았는데, 여우가 날다람쥐를 겁주려고 꼬리로 나무를 쳤다. 날다람쥐는 진짜 나무가 쓰러지는 줄 알았다. 날다람쥐는 겁이 났다. 날다람쥐에게는 아이가 넷이 있으니까 하나를 아래로 던졌다. 날다람쥐 새끼가 떨어지자마자 여우는 새끼를 꿀꺽 삼켜 버렸다. 여우는 집으로 돌아갔다. 다음 날 여우가 다시 나무로 찾아왔다.

"날다람쥐야! 새끼를 줘! 만일 주지 않으면 알아서 해. 다 먹어 치울 거야!"

날다람쥐는 울었다. 여우는 또 꼬리로 나무를 세게 치기 시작했다. 날다람쥐는 다시 겁이 났다. 새끼 한 마리를 또 던졌다. 이제 새끼 네 마리 중 두 마리만 남았다. 여우는 새끼를 삼키고 나서 집으로 돌아갔다. 날다람쥐는 울었다. 다음 날 아침 여우가 또 왔다.

"날다람쥐야! 새끼를 내게 줘! 만일 주지 않으면 알아서 해!"

겁이 난 날다람쥐는 또 새끼를 던졌다. 이제 새끼가 하나밖에 남지 않았다. 날다람쥐가 울고 있는데 부엉이 할아버지가 나타났다. 부엉이 할아버지가 나무에 앉더니 물었다.

"날다람쥐야, 왜 우니?"

"어떻게 울지 않을 수 있겠어요? 여우가 제 아이들을 다 주였어요. 이제 하나 밖에 남지 않았어요."

"이제 여우가 찾아오면 아이를 주지 마. 여우가 너를 속인 거야. 여우는 나무를 쓰러뜨리지 못해. 너를 겁주려고 꼬리로 나무를 친 거야. 이제 여우가 나타나면 아이를 주지 않겠다고 말해. 더 이상 속지 않을 거고, 나무는 쓰러지지 않을 거라고 말해. 만일 여우가 와서 어떻게 알았냐고 묻거든 내가 말했다고 해."

부엉이 할아버지는 날아가 버렸다. 여우가 다시 나타났다.

"날다람쥐야, 새끼를 내게 줘! 만일 주지 않으면 알아서 해!"

"주지 않을 거야! 네가 나를 속였어. 나무는 절대 쓰러지지 않아!"

여우가 물었다.

"어떻게 알았어?"

"부엉이 할아버지에게서 들었어."

여우가 말했다.

"부엉이 할아버지는 어디에 있어?"

"저어기 있어!"

"부엉이 할아버지! 내가 갈 테니 기다려."

여우는 부엉이 할아버지에게 갔다. 부엉이 할아버지는 마침 땅에 앉아 있었다. 여우는 부엉이 할아버지가 앉아 있는 것을 보았다. 여우는 살금살금 부엉이 할아버지에게 다가갔다. 꼬리를 연기처럼 살랑거리고 허리를 구부리고 살금살금 다가갔다. 부엉이 할아버지는 여우가 다가오는 것을 보았다.

"여우야! 어떻게 왔어?"

"부엉이 할아버지, 조용히 하세요. 저기 앉아 있는 새에게 다가가는 거예요."

부엉이 할아버지가 날아올랐다. 높은 곳에서 여우에게

로 급히 하강했다. 부엉이 할아버지는 발톱으로 여우의 몸을 잡은 후 바다 한가운데에 던지기 위해 데리고 날아갔다. 여우는 물에서 헤엄치며 울었다.

"내 이빨들은 날다람쥐 새끼들을 잡아먹었기 때문에 바다의 조가비가 될 거야. 내 뼈들은 날다람쥐 새끼들을 잡아먹었기 때문에 바다에 떠다니는 신세가 될 거야."

그때 바다표범 한 마리가 바닷속에서 나와 말했다.

"여우야, 왜 우니?"

"아하! 누이! 나는 우는 게 아냐. 어머니와 아버지가 결혼할 때 불렀던 그 노래를 부르는 거야. 누이! 네 종족은 많지?"

"그럼. 많아."

"그럼 다 데리고 와 봐. 내가 수를 셀게."

말을 마친 후 바다표범은 물속으로 들어갔다가 다시 나왔다. 수많은 바다표범들이 나왔다. 온 바다에 바다표범들이 가득했다.

"자! 세 봐."

여우는 바다표범 사이를 뛰어다니며 수를 세기 시작했다.

"하나! 둘! 셋! 넷!"

여우는 멀리까지 뛰어다녔다. 바다표범이 말했다.

"왜 뛰어다녀? 잘 세!"

"누이! 다시 돌아서 갈 때 잘 셀게."

바다표범이 말했다.

"그런데 네 종족은 어디에 살아?"

여우는 바닷가의 버드나무 그늘을 가리켰다.

"저기 내 종족이 서 있어."

여우는 다시 수를 셌다.

"하나! 둘!"

여우는 멀리 팔짝 뛰었다. 그렇게 여우는 바다를 건너 육지로 나오게 되었다. 여우는 뒤를 돌아보고 침을 뱉었다.

"퉤! 바다표범아, 이 바보야! 언제 우리가 친척이었어?"

바다표범이 말했다.

"퉤! 여우야, 그 길 끝에 있는 할머니가 버찌를 말리는 곳에서 너는 죽게 될 거야."

여우는 계속 앞으로 걸어갔다. 집이 한 채 있었다. 집 근처에 할머니가 열매를 말리는 장소가 있었다. 여우는 열매를 다 먹어 치웠다. 그러고는 개가 있는 움막으로 가서 잠이 들었다. 할머니가 나와서 열매 말리는 곳을 보았다. 아무것도 없었다. 할머니가 말했다.

"아이고! 누가 열매를 먹어 치웠담?"

할머니는 열매를 먹은 사람을 찾기 시작했다. 집 주위를 돌아다녔다. 아무도 없었다. 할머니는 개가 사는 움막으로 갔다. 웬 여우 한 마리가 누워 있었다. 열매를 먹어 배가 터질 듯 빵빵했다. 할머니는 다시 집으로 가서 털을 미는 쇠붙이 조각을 들고 조용히 여우에게 다가갔다. 할머니는 쇠붙이 조각으로 여우를 때려서 죽였다. 여우 가죽을 벗겨 무두질을 한 후 말려서 자신의 모자를 만들었다. 할머니는 그 모자를 쓰고 다녔다.

어느 겨울날 할머니가 물을 길으러 가는데 여우 한 마리가 나타났다.

"할머니! 제가 물을 길어 올게요. 모자를 좀 빌려주세요. 귀가 얼겠어요."

할머니는 모자를 여우에게 빌려주고 집으로 가서 여우가 물을 길어 올 때를 기다렸다. 조금 후 할머니는 밖으로 나갔다. 아무도 없었다. 양동이는 바닷가로 내려가는 길 중간에 내팽개쳐져 있었다. 여우가 할머니의 모자를 쓰고 가버렸다.

할머니는 모자 때문에 울음을 터뜨렸다. 까마귀가 나타나서 말했다.

"할머니, 왜 우세요?"

할머니가 말했다.

"웬 여우 한 마리가 와서 나를 속여 내 모자를 가지고 가버렸어. 그래서 우는 거야."

"제가 모자를 찾으러 갔다 올게요!"

할머니가 까마귀에게 말했다.

"여우에게 뭐라고 말할 건데?"

"할머니에게 모자를 돌려주라고 말할게요."

할머니가 말했다.

"내버려 둬. 공연히 헛수고만 할 거야!"

까마귀는 날아가 버렸다. 할머니는 집으로 돌아왔다. 할머니는 모자 없이 살게 되었다. 얼마 후 새 한 마리가 날아왔다.

"할머니, 왜 우세요?"

"모자 때문에. 여우가 내 모자를 가져갔어."

"제가 모자를 찾으러 갔다 올게요."

"가서 뭐라고 말할 건데?"

"할머니, 어떻게든 말해 볼게요."

새는 날아갔다. 새는 날개 사이에 모래를 많이 집어넣은 다음에 여우들이 사는 곳으로 출발했다. 새는 여우 집에서 하룻밤을 묵기로 했다. 저녁에 새는 모래를 끼얹으면서 하품을 했다. 새가 하품을 하자 모래가 날개 사이에서 쏟아졌다. 그러자 거기에 있던 여우들이 말했다.

"너는 아주 훌륭한 샤먼임에 틀림없어!"

새가 말했다.

"좀 그래."

여우들이 말했다.

"저 새에게 굿을 해 달라고 부탁하자!"

저녁에 새가 굿을 하기 시작했다.

"여기에 발을! 저기에 발을!"

여우가 말했다.

"훌륭한 샤먼이야! 그에게 우리 모자를 씌워 줘!"

새에게 모자를 씌워 주었다. 새는 굿을 더 잘하게 되었다.

"여기로 발! 저기로 발! 벽 틈을 통해 휘리릭!"

새는 그렇게 말한 후 벽 틈을 통해 모자를 쓰고 밖으로 날아가 버렸다.

새는 날아가 버렸다. 새는 모자를 가지고 할머니가 사는 곳으로 돌아왔다. 새는 할머니에게 모자를 주었다. 할머니는 아주 기뻐했고 새를 아주 배불리 먹었다. 할머니는 송곳으로 새에게 부리를 만들어 주었고 바늘로 발톱을 만들어 주었다. 새를 예쁜 가죽으로 동여매 주었다.

친데케[21]와 여우

강가에 한 할머니가 살았다. 할머니에게는 개가 한 마리 있었다. 개는 강아지를 데리고 왔다. 그 후 여우가 나타나기 시작해서 개들을 끌고 가서 잡아먹었다. 어느 날 할머니가 밖으로 나왔다. 강 상류로부터 여우가 가고 있었다. 할머니는 여우를 보고는 불 위에 걸고 솥을 매다는 막대기를 들고 개집 뒤에 숨었다. 여우는 할머니가 숨어 있는 것을 모르고 개집으로 들어갔다. 할머니가 여우를 막대기로 때리자 여우는 집 앞에서 한 바퀴 돌았다. 할머니가 다시 여우의 머리를 때렸다. 여우는 죽었다. 할머니는 여우의 털가죽을 벗기고 내장을 꺼냈다. 털을 말려 모자를 만들었다.

어느 날 할머니는 여우 털로 만든 모자를 쓰고 강아지 밥을 주러 밖으로 나갔다. 그때 여우가 왔다. 다른 여우였다. 여우가 말했다.

"할머니, 강아지들 밥을 제가 줄게요! 들어가서 몸을 녹이세요."

할머니는 모자를 여우에게 주고 집으로 들어갔다. 오랫

---

21) 친데케 : 설화 속에 등장하는 작은 마법의 새다.

동안 기다렸으나 여우는 오지 않았다. 할머니는 여우를 기다리다 지쳐 무슨 일인가 알아보려고 밖으로 나갔다. 여우도 없고 강아지들도 없었다. 여우는 강아지들을 잡아먹고 할머니의 모자를 들고 가 버렸다. 그때 작은 새 친데케가 나타나서 말했다.

"할머니! 울지 마세요. 제가 모자를 찾아올게요."

할머니가 말했다.

"도대체 네가 어디에서 모자를 찾겠니? 여우에게 잡아먹힐 거야."

친데케가 말했다.

"괜찮아요. 여우는 저를 잡아먹지 못할 거예요!"

친데케가 여우의 발자국을 따라 출발했다. 저녁 무렵 친데케는 여우 집에 도착했다. 집에는 여우들이 가득 모여 굿을 하고 있었다. 친데케는 집으로 들어가서 굿을 했나. 여우들이 친데케가 굿하는 것을 보고 웃어 댔다.

"웃겨. 웃겨."

친데케가 말했다.

"짹짹! 푸드덕! 껑충! 만일 할머니 모자를 내게 씌워 주면 더 잘할 수 있을 텐데!"

여우들이 웅성거리기 시작했다.

"그에게 모자를 씌워 줘. 모자를 씌워 줘!"

여우들이 친데케에게 모자를 씌워 주었다.

"짹짹! 흙바닥을 따라 껑충! 재에 콧김을 푸우! 침상에 납작 엎드렸다가 푸드덕! 창문으로 깡충! 대들보에 붙었다가 껑충! 굴뚝 속으로 푸드덕!"

여우들은 고함을 지르며 밖으로 뛰어나갔다. 밖은 깜깜해서 친데케가 어디로 날아가는지 보이지 않았다. 다음 날 아침 친데케는 할머니에게 모자를 가지고 왔다. 할머니는 기뻐하며 친데케에게 입을 맞추었다.

"도대체 어떻게 여우에게서 모자를 뺏어 왔니?"

친데케가 말했다.

"제가 모자를 찾아서 할머니에게 가져다드리겠다고 말했잖아요."

할머니는 기뻤다. 친데케에게 재단용 칼을 주며 말했다.

"낮은 나뭇가지에 앉지 말고 높은 가지에 앉아. 이 칼을 잃어버리지 마."

할머니는 집에 그대로 남았고 친데케는 날아가 버렸다. 친데케는 날아가다가 처음에는 낮은 나뭇가지에 앉지 않았다. 그러나 나중에는 다른 생각이 들었다.

'어째서 할머니가 낮은 가지에 앉지 말라고 했을까? 뭐 어때?'

친데케는 낮은 가지에 앉았다. 그러자 바로 여우가 살금

살금 다가와서 친데케를 이빨로 물었다. 친데케가 여우 아가리 안에서 말했다.

"여우야! 나를 잡아먹으면 안 돼. 먼저 세베키[22]에게 나를 잡아먹어도 되냐고 물어봐."

여우는 입을 벌리지 않은 채 말했다.

"세베키, 당신의 새를 먹어도 돼요?"

친데케는 여우 아가리 속에서 말했다.

"크게 말해. 세베키에게 들리지 않아!"

그러자 여우는 입을 조금 벌리고 말했다.

"세베키, 당신의 새를 먹어도 돼요?"

친데케가 여우 아가리 속에서 다시 말했다.

"세베키에게 들리지 않아. 크게 잘 말해."

여우는 입을 크게 벌리고 소리 지르기 시작했다.

"세베키! 당신의 새를 먹어도 돼요?"

친데케는 바로 여우 입에서 빠져나와 날아갔다.

---

22) 세베키 : 만물의 주인인 정령이다.

네얍칸과 여우

강어귀에 한 청년이 살고 있었다. 아주 부지런한 청년이었다. 그는 다양한 물고기들을 많이 잡았다. 청년이 잡은 생선들은 기름졌는데 그는 기름을 녹여 겨울 식량을 충분히 만들어 놓았다. 가을이 되자 청년 집에는 생선 기름과 말린 생선이 많아졌다. 가을이 되자 청년은 사냥을 떠나기로 했다. 청년은 사냥을 하며 먹을 생선 기름과 말린 생선을 썰매에 한가득 실었다. 청년은 썰매를 끌고 강을 따라 위로 갔다. 가다가 여우를 만났다. 여우가 말했다.

"안녕, 형제? 그렇게 무거운 썰매를 끌고 대체 어디를 가는 거야? 내가 좀 도와줄게! 둘이 같이 끌자!"

청년은 썰매 줄을 길게 늘여 마치 개를 묶듯이 여우를 묶었다. 여우가 앞에서 썰매를 끌었다. 청년과 여우는 한참을 썰매를 끌고 가다가 잠시 쉬게 되었다. 여우가 말했다.

"사람들이 사슴을 발견한 후 뒤쫓는 모습을 내가 연기해 볼까?"

"그래. 해 봐!"

여우는 뛰어갔다. 아주 빨리 멀리 뛰어갔다가 돌아와서 청년에게 가까이 와서 쓰러진 다음 소리쳤다.

"아이고! 아이고! 아파! 아파!"

네얍칸이 여우에게 다가갔다. 여우가 누워서 소리를 질렀다.

"아파! 아파! 다리가 부러졌어."

네얍칸이 여우를 안아 썰매로 데리고 가서 썰매 가운데에 내려놓으려고 하자 여우가 소리쳤다.

"아파! 아파!"

네얍칸은 여우를 물고기 가죽으로 만든 식량 자루 옆에 뉘었다. 여우가 말했다.

"이제 좋아졌어. 여기가 아주 좋아!"

네얍칸은 여우를 거기 내려놓고 직접 썰매를 끌었다. 계속 가다가 어느 강에 다다랐다. 네얍칸이 여우에게 물었다.

"여우야, 저 강이 무슨 강이야?"

여우가 말했다.

"저 강의 이름은 훌라르기야. 저기에는 털 짐승이 없어!"

네얍칸은 다시 썰매를 끌고 갔다. 한참 후 다시 어떤 강에 다다랐다. 다시 여우에게 물었다.

"여우야, 이건 무슨 강이야?"

여우가 말했다.

"돌레르기강이야. 여기에는 털 짐승이 적어! 훌륭한 사냥꾼도 여기에서는 잡을 짐승이 많지 않아."

네얍칸은 다시 썰매를 끌고 갔다. 한참 만에 또 다른 강에 다다랐다. 날은 이미 어두워지기 시작했다. 다시 여우에게 물었다.

"여우야, 무슨 강이야?"

여우가 말했다.

"코페르기강이야. 여기는 아주 짐승이 많아. 사람들은 이 강에서 털 짐승을 아주 많이 사냥하지. 그래. 우리도 여기서 사냥하자!"

네얍칸이 잠자리를 마련하기 시작했다. 여우는 도끼를 들고 나무를 하러 숲으로 갔다. 밤새 피울 모닥불에 넣을 장작을 구하러 갔다. 여우가 숲으로 간 후, 숲에서 도끼 찍는 소리가 몇 번 나다가 곧 잠잠해졌다. 어두워지자 네얍칸은 여우가 어디에 있는지 보려고 여우 발자국을 따라 숲으로 갔다. 여우는 나무 단 한 그루를 몇 번 찍은 후 도끼를 던져 버리고 도낏자루를 오물로 더럽힌 후 어디론가 멀리 달아나 버렸다. 네얍칸은 도끼를 집어 장작을 팬 다음 잠자리를 마련한 곳으로 돌아왔다. 모닥불을 피우고 썰매의 짐을 풀기 시작했다. 물고기 가죽으로 된 자루로 갔다. 그는 자루가 무겁다는 것을 알았다. 있는 힘을 다해 자루를 들어 눈 위에 놓았다. 그런데 자루 안에서 뭔가 부딪치는 소리가 났다. 자루를 열어 보니 물고기는 없고 여우의 이빨 하나만이 굴러다니고 있었다. 네얍칸은 몹시 화가 나서 팔을 휘둘렀다.

"여우야! 잡히기만 해 봐. 죽을 줄 알아!"

남자는 다음 날 아침 여우를 뒤쫓았다. 여우의 발자국을 따라가다가 들꿩, 메추리, 청설모, 새, 딱따구리 등을 사냥해 바지와 윗옷 안에 쑤셔 넣었다. 한참을 걸어 저녁 무렵 여우의 집에 도착했다. 집 안에서 웃음소리가 시끄럽게 났다. 남자는 안으로 들어갔다. 안에 여우들이 가득 모여 굿을 하고 있었다. 집으로 들어간 네얍칸에게 여우들이 물었다.

"너도 굿을 하니?"

네얍칸이 대답했다.

"응. 그런데 나는 그저 나를 위해서만 해."

여우들이 말했다.

"오호. 그가 굿을 하게 북을 줘. 그가 하는 것을 보자."

여우들이 네얍칸에게 북을 주자 네얍칸은 북을 잡고 굿을 하기 시작했다. 네얍칸은 굿을 하며 바닥에서 쿵쿵 뛰었다. 그러자 바지와 겉옷에서 메추리, 들꿩, 청설모, 다람쥐들이 쏟아졌다. 여우들은 크게 웃기 시작했다. 그때 네얍칸 귀에 한쪽 구석에서 어떤 여우가 입을 벌리지 않고 웃는 소리가 들렸다. 네얍칸이 그 여우를 달려들어 붙잡았다. 이빨이 부러진 여우였다. 네얍칸의 자루에서 음식을 먹어 치운 바로 그 여우였다. 여우는 애원하기 시작했다.

"죽이지 마! 그러면 너를 위해 좋은 것을 해 줄게. 네게 훌륭한 아내를 찾아 줄게."

네얍칸이 물었다.

"진짜야? 거짓말하는 거지?"

여우가 말했다.

"진짜야. 진짜야. 정말 진짜야! 거짓말하는 게 아니야. 훌륭한 아내를 찾아 줄게."

네얍칸이 말했다.

"만일 또 나를 속이는 거면 언제든 너를 찾아 죽이고 말 거야."

네얍칸은 여우와 함께 자신의 임시 거처로 돌아왔다. 네얍칸은 숲으로 사냥을 하러 다녔고 여우는 다른 강으로 갔다. 그 강에는 한 노인이 아주 예쁜 딸과 함께 살고 있었다. 여우가 노인에게 다가갔다. 노인은 강에 구멍을 뚫고 있었다. 여우는 노인이 구멍을 다 뚫을 때까지 기다렸다. 구멍을 다 뚫은 노인은 그곳에서 물을 마시고 있었다. 그때 여우가 노인의 머리를 물속에 처넣었다. 노인은 숨이 막혔다. 노인이 말했다.

"여우야! 그러지 마. 필요한 것을 다 줄게."

여우가 말했다.

"다 준다고? 다 줄 거야? 거짓말 아니지?"

노인은 질식할 것 같았다. 노인이 말했다.

"아니야. 거짓말 아니야!"

여우가 말했다.

"당신 딸을 줄 수 있어?"

"내 딸은 줄 수 없어."

그러자 여우는 노인의 머리를 더 밀어 넣었다. 노인의 머리가 물속으로 다 들어갔다. 노인의 목소리는 들리지 않았고 다만 손발만 버둥거렸다. 여우가 천천히 노인의 머리를 들어 올렸다. 노인이 숨을 내쉬며 말했다.

"줄게. 줄게. 내 딸을 줄게."

"정말이지? 거짓말이면 딸을 죽일 거야! 당신 팔과 다리를 부러뜨릴 거야."

노인이 말했다.

"내 딸을 줄게! 줄게! 거짓말 아니야!"

노인은 여우와 함께 집으로 갔다. 딸이 집에 있었다. 노인이 딸에게 말했다.

"짐과 옷을 다 꾸려. 여우와 함께 떠나거라."

딸은 짐을 꾸려 여우 뒤를 따라갔다. 여우는 처녀를 네얍칸에게 데려갔다. 여자를 본 네얍칸은 아주 기뻤다. 여우는 더 이상 속이지 않고 약속을 지켰다. 그 후부터 네얍칸과 아내, 여우는 셋이서 함께 살았다.

해 설

네기달인에 대해

네기달인은 아무르 연안의 퉁구스계 토착 소수민족으로 러시아연방에 600명 정도가 있는 것으로 알려져 있는데, 하바롭스크 변강주에 500명 정도가 거주한다. 네기달인은 19세기 중반부터 아무르 연안의 암군강에 정착하기 시작했는데, 상류에 거주하는 네기달인과 하류에 거주하는 네기달인은 문화, 생활 방식, 생업 등이 서로 다르다. 하류에 거주하는 네기달인은 어획을, 상류에 거주하는 네기달인은 주로 사냥을 해 왔다. 이동 수단도 하류 네기달인은 개를 이용한 데 반해, 상류 네기달인의 이동 수단은 사슴이다. 만주퉁구스계 네기달어가 토착어다. 네기달인은 주변의 예벤키인, 나나이인, 니브흐인과 활발한 교류를 했고 특히 예벤키인과 주거, 문화, 생활 양식 등에 있어서 유사성을 보인다.

네기달인의 토착 신앙

네기달인의 토착 신앙은 대부분의 시베리아 소수민족들과 마찬가지로 지하, 지상, 천상의 세 세계의 존재를 근간으로 하는 정령 숭배와 샤머니즘이다. 고대 네기달인은 만물의 정령인 스벤(свен)과 사악한 정령인 암반(Амбан)이 있고, 둘 사이를 중재하는 것이 샤먼이라 믿었다. 하늘, 타이가, 물, 불의 주인신이 인간의 생명과 운명을 관장하며, 하늘의 주인신은 사냥을, 물의 신은 어획을 책임진다고 믿었다. 네기달인은 사냥과 어획을 떠나기 전 이들 신에게 제물을 바치는 의식을 치른다. 화살로 곰을 죽인 후 고기를 정해진 규칙에 따라 분해하고 뼈를 버리지 않고 모아서 특정한 곳에 묻는 의식이 아직까지 남아 있는데, 이를 통해 네기달인의 곰 숭배 전통을 알 수 있다.

네기달인 설화의 특징

성씨의 유래와 과거 조상들의 삶을 구술하는 역사 전설, 민담, 구비 민요, 수수께끼, 어획할 때 부르던 노래 등 다양한 종류의 설화가 전해지는데, 그중 알려진 것은 동물담, 일상담, 마법담, 영웅담 등이다. 동물담의 주인공은 여우, 개구리, 다람쥐, 물개, 까마귀 등이지만 인간이 항상 중심에 등장하는 것을 볼 수 있다. 일상담은 영리하고 멍청한 형제, 욕심 많고, 자기 꾀에 넘어가는 인간들의 일화를 담고 있다. 마법담의 주요 소재는 변신 모티브다. 다양한 동물로 변신해 아내를 맞이하고, 결국 선량하고 용감한 사냥꾼으로 돌아와 행복하게 산다는 줄거리가 대부분이다.

이 책에 수록된 성씨의 유래(<메헤길에서 유래한 아윰칸>, <축차길 성씨의 유래>), 산의 유래(<우단칸산>), 호랑이와 성씨와 관련된 전래 이야기(<호랑이>) 등의 이야기를 통해 우리는 과거 네기달인의 뿌리와 삶의 단면과 풍습을 알 수 있다. <하늘의 사람>, <세 길>, <교활한 사람과 힘센 사람>의 일상담은 정직하고 근면하게 살면 하늘에서 복을 내린다고 믿었던 고대 네기달인의 가치관과 순박한 심성을 느끼게 해 준다. 마법담 <개구리>, <까마귀와 매>, <쿠이에미>는 인간과 동물의 교감, 변신, 혼인 등을 주제로 한다. 우리는 이 이야기에서 미물일지라도 정성을 다하면 인간이 된다는 고대 네기달인의 생명 중심관, 인간과 동물이 하나라는 자연관을 엿볼 수 있다. <청년과 골뱅이 아내>, <곰을 낳은 여자>, <탑칼 씨족과 힘구>는 인간과 동물의 결합, 그 사이에서 나온 아이들의 이야기인데 여기에는 고대 네기달인의 토템 신앙이 잘 반영되어 있다.

이 책에 실린 설화 속 이야기들은 우리에게 거의 알려지지 않은 네기달인의 뿌리와 삶의 흔적, 신앙, 풍속 등을 알아볼 수 있는 소중한 기회를 제공할 것이다.

옮 긴 이 에 대 해

이경희는 한국외국어대학교 노어과를 졸업하고, 러시아 과학아카데미 비노그라도프대학원에서 의미통사론에 관한 논문으로 박사 학위를 받았다. 현재 한국외국어대학교에서 강의하고 있으며, 논문으로 <어휘-통사 층위에 나타나는 언어문화적 변이>, <담화연결어의 의미와 기능>, <언어적 세계상에서의 놀이와 도박> 등이 있으며, 저역서로 ≪도박하는 인간≫(공저), ≪러시아 추리작가 10인 단편선≫(공역), ≪북아시아 설화집 5(알타이족)≫, ≪셀쿠프인 이야기≫, ≪투팔라르인 이야기≫, ≪시베리아 타타르인 이야기≫ 등이 있다.

네기달인 이야기

작자 미상
옮긴이 이경희
펴낸이 박영률

초판 1쇄 펴낸날 2018년 11월 13일

지식을만드는지식
02880 서울시 성북구 성북로 5-11 (성북동1가 35-38)
전화 (02) 7474 001, 팩스 (02) 736 5047
출판등록 2007년 8월 17일 제313-2007-000166호
전자우편 zmanz@commbooks.com
홈페이지 www.commbooks.com

ZMANZ
5-11, Seongbuk-ro, Seongbuk-gu, Seoul, 02880, KOREA
phone 82 2 7474 001, fax 82 2 736 5047
e-mail zmanz@commbooks.com
homepage www.commbooks.com

ISBN 979-11-288-3186-7
979-11-288-3187-4(큰글씨책)
979-11-288-3188-1(PDF 전자책)

책값은 뒤표지에 있습니다.

문학

한국 ≪포의교집≫ 외

중국 ≪서상기≫ 외

일본 ≪바다에서 사는 사람들≫ 외

아시아 ≪물고기 뼈≫ 외

고대 그리스 ≪히폴리투스≫ 외

영국/미국 ≪빨래≫ 외

독일 ≪길쌈쟁이들≫ 외

프랑스 ≪홍당무≫ 외

스페인 ≪위대한 술탄 왕비≫ 외

러시아 ≪유리 나기빈 단편집≫ 외

유럽 ≪로칸디에라≫ 외

아프리카 ≪아딜리와 형들≫ 외

중남미 ≪네루다 시선≫ 외

퀘벡 ≪매달린 집≫ 외

예술

미술 ≪예술에 관한 판타지≫ 외

연극 ≪풍자화전≫ 외

한국문학선집

한국문학의 어제와 오늘을 총정리하는 사상 초유의 기획

초판본 한국소설문학선집

한국 근현대문학 120년, 대표 작가 120명의 작품집 101권

초판본 한국시문학선집

한국 근현대문학 120년, 작고 시인 101명의 작품집 99권

한국문학평론선집

한국 대표 문학평론가 50인의 평론집 50권

한국수필문학선집

한국 대표 수필가 50인의 수필집 50권

한국희곡선집

문학성과 공연성이 입증된 한국 대표 희곡 100권

한국 대표 시인의 육필시집

한국 시단을 주도하는 시인들이 직접 쓴 시집 80권

한국동화문학선집

한국 아동문학사에 기록될 동화작가 120명의 작품집 100권

한국동시문학선집

한국 동시의 역사이자 좌표, 동시작가 111명의 작품집 100권

단행본

≪고려 후기 한문학과 지식인≫ 외